AF233751

HISTOIRE

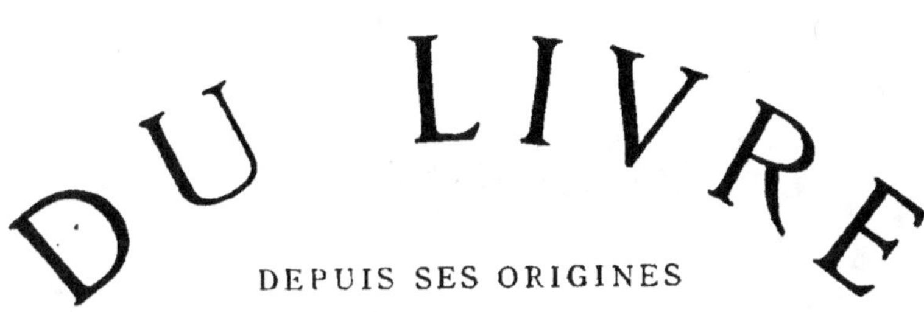

DU LIVRE

DEPUIS SES ORIGINES

JUSQU'A NOS JOURS

PAR

E. EGGER

MEMBRE DE L'INSTITUT
PROFESSEUR A LA FACULTÉ DES LETTRES

Troisième Édition

BIBLIOTHÈQUE

D'ÉDUCATION ET DE RÉCRÉATION

J. HETZEL ET Cie, 18, RUE JACOB

PARIS

Tous droits de traduction et de reproduction réservés.

PRÉFACE

Le plus grand personnage qui, depuis trois mille ans peut-être, fasse parler de lui dans le monde, tour à tour géant ou pygmée, orgueilleux ou modeste, entreprenant ou timide, sachant prendre toutes les formes et tous les rôles, capable tour à tour d'éclairer ou de pervertir les esprits, d'émouvoir les passions ou de les apaiser, artisan de factions ou conciliateur des partis, véritable Protée qu'aucune définition ne peut saisir, c'est LE LIVRE. Or le Livre, jusqu'ici, n'a pas eu, à vrai dire, d'historien, que je sache, au moins en notre langue. De savants hommes ont rédigé des traités sur les écritures et les instruments de l'écriture, sur la forme des livres anciens et des livres modernes, sur l'art de la reliure, etc.; l'imprimerie surtout et les arts qui s'y rattachent ont fourni la matière de nombreux ouvrages, que vous lirez peut-être un jour, mais qui ne sauraient devenir ni classiques ni populaires; je n'indiquerai que les plus récents : en 1840, M. Géraud, disciple du savant Guérard, à l'École des Chartes, résumait en un volume les leçons que le maître avait faites sur ce sujet, dans son cours de paléographie (étude des anciennes écritures). Un bibliographe célèbre, Gabriel Peignot, a traité spécialement de la reliure des livres chez les anciens, dans une dissertation fort recherchée des amateurs (Paris, 1834). En 1857, M. Mary Lafon racontait, en un petit volume, l'Histoire industrielle d'un livre de notre temps. Tout récemment, peu de temps avant sa mort, l'aimable et spirituel Jules Janin intitulait *le Livre* un ouvrage, composé pour les bibliophiles et, en partie, d'après leurs communications et leurs confidences; compilation dialoguée et amusante, souvent instructive, mais sans méthode, et qui nous laisse encore désirer une histoire régulière du Livre (a). Cette histoire, je suis loin de prétendre vous la raconter dans ses détails; je voudrais seulement en esquisser les traits généraux. L'esquisse que vous allez lire ne satisfera pas toutes les classes de lecteurs; mais elle pourra éveiller la curiosité de ceux qui n'avaient pas encore songé à s'occuper d'une si intéressante étude. Je n'y ai pas toujours suivi l'ordre chronologique des faits. Mainte fois, l'analogie ou le contraste des idées m'induisaient à rapprocher d'un souvenir de l'antiquité un sou-

(a) Je n'ai connu qu'au moment où je corrigeais les épreuves de cette préface *le Livre et la Petite Bibliothèque d'Amateur*, par M. G. Mouravit (Paris, 1870). C'est une agréable et instructive composition, pleine de faits, d'anecdotes, de conseils utiles. L'exécution typographique est, en tout, digne de l'auteur bibliophile et des bibliophiles auxquels il s'adresse. Mais on jugera, j'espère, que ce volume laissait encore le champ libre pour une *Histoire du Livre*, telle que je l'ai conçue. Néanmoins, je regrette d'autant plus de l'avoir connu trop tard, que l'auteur, à la page 180, me signale avec obligeance et me fournit le moyen de réparer une omission qui m'avait échappé jadis en matière bibliographique. Je dois donc un remerciement à son savoir et à sa courtoisie.

venir des temps modernes; ou bien, en parlant des inventions et des mœurs modernes, à rappeler quelque souvenir de l'antiquité; il y a du moins une idée qui, toujours présente à mon esprit, servira aussi de guide à l'esprit du lecteur : c'est l'idée des progrès de la civilisation, dont LE LIVRE est le plus actif instrument. Peut-être d'ailleurs pour la jeunesse, à qui surtout j'ai voulu m'adresser, la variété, même un peu capricieuse, des développements et des digressions, sera-t-elle un attrait, qui me servira d'excuse auprès de juges plus exigeants et plus sévères.

Le présent essai, rédigé d'abord pour le *Magasin d'éducation et de récréation,* que publie avec tant de succès la librairie de M. Hetzel, y fut imprimé en onze chapitres, dans le cours de l'année 1878. En le reproduisant aujourd'hui, sous une autre forme, avec des additions et des corrections nombreuses, l'auteur a cru devoir au public d'y joindre des notes. Ces notes, qui sont rejetées toutes à la fin du volume, ont pour objet de justifier les principales assertions qui ont besoin d'une telle garantie, et de renvoyer, sur chaque partie du sujet, aux ouvrages les plus utiles à consulter. En multipliant ces indications, on aurait facilement dépassé le cadre et changé le caractère d'un modeste volume écrit pour la jeunesse.

HISTOIRE DU LIVRE

PREMIÈRE PÉRIODE

LE LIVRE AVANT L'IMPRIMERIE

CHAPITRE PREMIER

LES ORIGINES DU LIVRE.

Aperçu des origines de l'écriture. — Les hiéroglyphes égyptiens. — L'alphabet phénicien. — Les caractères assyriens cunéiformes. — L'écriture sur les monuments. — Inscriptions sur les métaux et sur d'autres matières dures. — Le papyrus égyptien. — Son influence sur le développement et la propagation des idées. — Le parchemin. — Le livre a trouvé sa forme portative.

Quand le grand personnage qu'on nomme le livre est-il venu au monde, où il devait tenir tant de place et faire tant de bruit? il n'est pas facile de le dire. Un jour arrivait à la Bibliothèque nationale un honnête lecteur qui, s'adressant à l'employé de service, lui dit : « Monsieur, je voudrais avoir le plus ancien livre qui ait été fait. — Qu'entendez-vous par là? Est-ce le plus ancien livre imprimé ou le plus ancien livre manuscrit? — Monsieur, je ne sais pas, mais enfin, je voudrais avoir le plus ancien livre qui existe; le plus ancien que l'on ait écrit. » Là-dessus notre employé songe à la Bible, qui est en effet le plus antique dépôt de la sagesse et de l'histoire humaine; mais, pour atteindre aux origines du livre, il faut remonter beaucoup au-delà de ce vénérable recueil, où sont cités des écrits antérieurs qui ne sont pas parvenus jusqu'à nous. Essayons donc de remonter le cours des âges pour voir, s'il est possible, quand et comment fut écrit le premier livre.

Un vieux savant, du temps où il y avait des savants en *us*, a écrit un gros mémoire justement oublié aujourd'hui, sur les bibliothèques avant le déluge, *De Bibliothecis antediluvianis* (1). S'il y a eu des bibliothèques avant le déluge, il n'en reste certainement aucune trace, et on doit renoncer à savoir ce qu'elles contenaient. Il est plus que probable que les hommes antédiluviens ne connaissaient pas l'écriture, et par conséquent il est inutile de chercher sous quelle forme ils ont pu écrire les premières traditions du monde.

Mais, avant de vous parler des livres et en général des matières sur lesquelles l'homme a consigné par l'écriture ses pensées et ses souvenirs, il faudrait peut-être vous dire quelques mots des signes de l'écriture et de leur origine chez les divers peuples du monde. Malheureusement on connaît tant de systèmes d'écritures, en Égypte, en Grêce, en Assyrie, dans l'Inde et dans la Chine, en Amérique, et, sans sortir de l'Europe, en Espagne, en Italie et dans les pays scandinaves, que ce sujet serait à lui seul la matière de bien longs entretiens auxquels je n'ose vous convier. Songez seulement à notre commode alphabet de vingt-quatre lettres. Nous le tenons des Romains qui, eux-mêmes, le tenaient des Grecs qui le tenaient des Phéniciens, et ceux-ci l'avaient rapporté d'Égypte. On attribuait à un certain Cadmus l'honneur d'avoir inventé :

...... Cet art ingénieux
De peindre la pensée et de parler aux yeux (2).

Or, Cadmus, le prétendu inventeur, n'avait guère fait que choisir parmi les signes très nombreux, très complexes dont se servaient les Égyptiens, le très petit nombre de signes nécessaires pour exprimer les sons de sa langue maternelle. Il me faudrait bien des pages pour vous raconter comment les Phéniciens, peuple marchand et navigateur, portèrent en Grèce et répandirent ensuite sur tous les rivages de la Méditerranée cet alphabet qui avait gardé leur nom et qu'on retrouve partout sur la pierre des tombeaux, sur les monuments de l'art, sur les monnaies, depuis le fond de la mer Noire jusque sur les côtes occidentales de la Méditerranée. Le voyage serait laborieux; il serait plein de difficultés pour vos jeunes esprits. Si pourtant quelqu'un de vous se sentait prêt à l'entreprendre, je lui recommanderais un bon pilote, le savant qui vient d'esquisser l'histoire et comme l'itinéraire des alphabets dans le Dictionnaire des antiquités grecques et romaines de MM. Daremberg et Saglio (3); cela dit, je rentre avec vous dans la voie où nous étions engagés.

L'écriture peut se fixer sur des matières très diverses : on la grave sur la pierre ou sur le métal; on la trace avec un stylet sur des feuilles d'arbre ou sur des plaques de bois enduites de cire; on l'empreint sur des plaques ou des rouleaux de terre molle qui sont ensuite durcis par la cuisson au four et peuvent traverser ainsi bien des siècles sans altération; on l'étale avec la pointe d'un roseau ou celle d'une plume trempée dans l'encre sur un papier qui peut être fabriqué avec bien des substances. Quatre mille ans avant notre ère, les Égyptiens gravaient déjà sur les parois de leurs tombes, de leurs pyramides, de leurs temples et de leurs palais des légendes religieuses ou historiques, souvent fort étendues ; ces écritures ne sont déjà plus de simples inscriptions monumentales, puisqu'elles couvriraient quelquefois cent pages d'un volume d'aujourd'hui. On en a retrouvé de semblables, non par la forme des caractères, mais par les sujets et la longueur, dans les ruines de Persépolis et de Ninive. Notre musée du Louvre vous en offrira des exemples nombreux et variés, de beaux échantillons. Les fouilles récemment faites en Assyrie nous ont rendu, sur des plaques et des rouleaux de terre cuite, plusieurs contrats conclus entre des particuliers, et même des pages de véritables syllabaires assyriens ou manuels élémentaires de la langue parlée dans ce pays (4).

Dans les ruines de l'ancienne Babylone, on trouve même des briques portant l'empreinte en creux d'une série de signes qui avaient été d'abord ciselés en relief sur une plaque de bois. Cela fait déjà penser aux procédés d'où devait sortir un jour la typographie proprement dite.

Mais cette manière de traités historiques, religieux ou grammaticaux, ne vous donne guère

l'idée d'un livre, chose que vous vous représen-
tez toujours comme une collection de feuillets
plus ou moins solidement réunis par le brocheur
ou le relieur, plus ou moins faciles à transmettre
de main en main, à transporter d'un lieu dans un
autre.

Certaines plaques de métal, assez minces pour
n'être pas trop lourdes, ont pu quelquefois recevoir des textes gravés au ciseau ou à la pointe,
et qui devenaient ainsi passablement portatifs :
par exemple, un voyageur grec, au IIe siècle de
l'ère chrétienne, avait vu dans un temple de la
Béotie un recueil des sentences en vers du vieux
poète Hésiode, gravées sur de longues bandes
de plomb (5). Les actes officiels chez les peuples
anciens, en Égypte, en Assyrie, en Grèce, en Italie, étaient souvent gravés sur des plaques de
pierre ou de bronze, et c'est sous cette forme que
se présentent les plus anciennes archives du droit
public ou privé, du droit international et de ce
qu'on appelle aujourd'hui la diplomatie; mais ces
archives-là n'auraient point tenu comme les
nôtres dans les cartons d'un casier ou sur des
rayons de bibliothèque; les documents étaient
rangés le long des murs, quelquefois y étaient
fixés par des clous. Telles étaient les formules
de congés honorables (*honestæ missiones*) accor-

dés par l'autorité militaire à des soldats romains après de longues années d'un bon service, formules dont une cinquantaine sont parvenues jusqu'à nous (6). Quelquefois encore, si la plaque de bronze portait de l'écriture sur ses deux faces, on la suspendait par de petites chaînes, de manière à permettre aux visiteurs d'en lire successivement les deux côtés. Certaines pièces conservées sur le bronze sont d'une longueur qui nous étonne aujourd'hui et nous semble bien incommode ; on voit au musée de Lyon une table de bronze qui couvre presque tout le mur d'une salle d'entrée, et qui nous offre la meilleure partie d'un discours de l'empereur Claude concernant des citoyens choisis dans la colonie lyonnaise pour entrer dans le vénérable sénat de Rome : c'est la plus ancienne charte de notre histoire nationale ; on en connaît de plus longues encore, inscrites sur le même métal ; au premier rang, car il ne forme pas pour nous moins de vingt pages in-folio, un grand contrat hypothécaire que l'on garde au musée de Parme, et qui assure la subsistance d'un certain nombre de jeunes orphelins (7) : c'est le plus ancien document où se montre, et cela chez les païens, l'esprit d'assistance charitable que la religion chrétienne allait bientôt répandre si activement à travers le monde.

Toutefois, avec ces pièces d'archives, si précieuses qu'elles soient, nous ne voyons pas qu'on pût former un livre. Il fallait pour cela des matières plus commodes et plus portatives. Les Indiens, je ne saurais dire au juste à quelle date, ont approprié à cet usage les feuilles de divers végétaux, entre autres les feuilles du palmier. Convenablement desséchées et polies, ces feuilles ont pu recevoir l'écriture tracée soit au stylet, soit à la plume. Plusieurs feuilles ainsi préparées, puis taillées selon le même format, étaient unies à l'aide d'un fil qui les traversait par leur extrémité. Rien ne saurait mieux vous représenter cet assemblage que les feuillets d'une *jalousie* que nous plaçons devant nos fenêtres pour nous préserver du soleil. De telles plaques peuvent recevoir sur leur tranche ou une teinture ou même de la dorure. Cette fois, nous voilà bien près d'un de nos livres à tranche peigne ou à tranche dorée. Mais, tels n'ont pas été les débuts de la *librairie* dans le monde occidental. Les Égyptiens, et plus tard les Grecs, sont les véritables ancêtres de nos *libraires*.

De très bonne heure, les habitants de la vallée du Nil inventèrent l'art d'utiliser un végétal indigène chez eux, le *papyrus*, pour fabriquer ce qu'il nous faut appeler désormais un *papier;* témoin les tiges de papyrus retrouvées dans les sépultures égyptiennes et conservées à Berlin dans la collection Passalacqua. (Notre mot *papier* n'est que la forme française du mot papyrus ; les mots *biblos* et *biblion*, qui ont le même sens, nous ont donné le mot *bible*, et le mot *liber* qui, comme *biblos*, signifie l'enveloppe herbacée et membraneuse des plantes, nous a donné le mot *livre*.)

Combien nous aimerions connaître les premiers auteurs de cette fabrication ! malheureusement, des ouvrages divers que les anciens avaient écrits sur les inventions, pas un seul n'est parvenu jusqu'à nous. Ce n'est qu'au premier siècle de l'ère chrétienne que nous trouvons chez Pline, l'auteur de cette sorte d'Encyclopédie connue sous le nom d'*Histoire naturelle*, quelques pages sur la fabrication et le commerce du papyrus (8). De ces pages, extrayons la partie la plus intéressante pour notre sujet ; cet extrait vous paraîtra souvent manquer de précision ; la faute en est malheureusement au compilateur latin ou à ceux qu'il faisait travailler sous ses ordres sans contrôler leur travail.

« Le papyrus naît dans les marécages de l'Egypte ou dans les eaux dormantes du Nil, lorsque, débordées, elles demeurent stagnantes en des creux dont la profondeur n'excède pas deux coudées. Le rhizome est oblique, gros comme le bras ; la hampe triangulaire, et n'ayant pas plus de quatre coudées de haut, va en diminuant jusqu'à l'extrémité...

« On prépare le papier en divisant à l'aiguille le papyrus en feuillets très minces, mais aussi larges que possible. Le feuillet le meilleur est celui de l'intérieur de la hampe, et ainsi de suite dans l'ordre de la division. On appelait jadis *hiératique*, attendu qu'il était réservé aux livres sacrés, le papier fait avec les feuillets intérieurs. L'adulation (a) lui a donné le nom d'*Auguste*, de même que celui de seconde qualité porte le nom de *Livie*, sa femme. De la sorte, l'hiératique est devenu papier de troisième qualité. Le quatrième rang avait été donné à l'*amphithéâtrique*, nom tiré du lieu de la fabrique. L'habile fabricant Fannius s'en empara, le rendit fin par une façon nouvelle et soigneuse, d'un papier commun fit un papier de première qualité, et lui donna son nom. Le papier qui n'avait pas reçu cette préparation garda le nom d'*amphithéâtrique*, qu'il portait auparavant. Vient ensuite le *Saïtique*, ainsi nommé de la ville de Saïs, qui en fabrique

---

(a). *Ablutione*, dit le texte des manuscrits, ce qui donne un sens peu intelligible. On a conjecturé très heureusement qu'il fallait lire *adulatione*. J'ai traduit d'après cette conjecture.

beaucoup; on le fait avec des rognures de basse qualité. Le *Ténéotique,* ainsi nommé d'une localité voisine de Saïs, est fait avec des feuillets plus rapprochés de l'épiderme; il ne se vend plus selon la qualité, il se vend au poids. Quant à l'*Emporétique,* il ne peut servir à écrire; on ne l'emploie que pour envelopper les autres papiers et emballer les marchandises; de là lui vient le nom qu'il porte (papier des marchands). On fait toutes les sortes sur une table humectée avec de l'eau du Nil; ce liquide trouble tient lieu de colle. D'abord, sur cette table inclinée, on colle des feuillets de toute la longueur du papyrus; seulement on les rogne à chaque extrémité; puis on pose transversalement d'autres bandes, en forme de treillage. On les soumet à la presse; cela fait une feuille, que l'on sèche au soleil. On joint entre elles les feuilles, mettant d'abord les meilleures, et ainsi de suite jusqu'aux plus mauvaises. La réunion de ces feuilles forme un *scapus* (main), qui n'en a jamais plus de vingt.

« La largeur est très différente : les meilleures ont treize doigts; l'hiératique, deux de moins; le papier de Fannius, dix; et l'amphithéâtrique, neuf. Le saïtique en a moins, il n'est pas aussi large que le maillet; et l'emporétique n'a pas plus de six doigts On estime encore dans le papier la

finesse, le corps, la blancheur, le poli. L'empereur Claude changea la première qualité : le papier Auguste était trop fin, et ne résistait pas à
la pression du calame ; en outre, il laissait passer
les lettres ; et, quand on écrivait sur le verso, on
craignait d'effacer le recto : dans tous les cas, la
transparence en était désagréable à l'œil. On fit
donc la chaîne du papier avec des bandes de seconde qualité, et la trame avec des bandes de
première. Claude augmenta aussi la largeur : la
dimension fut d'un pied (pour le papier ordinaire),
et d'une coudée pour le grand ; mais l'usage fit
reconnaître un inconvénient : une bande, si elle
venait à se détacher, gâtait plusieurs pages. Ces
avantages ont fait préférer le papier de Claude à
tous les autres ; mais la vogue est restée au papier Auguste, pour la correspondance épistolaire.
Le papier Livie, qui n'avait rien de la première
qualité, mais tout de la seconde, resta à son rang.

« Les inégalités du papier sont polies avec une
dent ou un coquillage, mais les caractères sont
sujets à s'effacer ; poli, le papier est plus luisant,
mais ne prend pas l'encre aussi bien.

« La colle ordinaire se fait avec la fleur de fa-
rine, de l'eau bouillante et quelques gouttes de
vinaigre ; la colle de menuisier et la gomme rendent le papier cassant. Un meilleur procédé, c'est

de faire bouillir de la mie de pain levé dans de l'eau, et de la passer ; c'est de cette façon qu'on a le moins de bandes sèches interposées, et le papier est plus doux que la toile de lin même. La colle ne doit avoir ni plus ni moins d'un jour. Puis on amincit le papier avec le maillet, on met une nouvelle couche de colle ; on efface les plis qui se sont formés, et on le bat de nouveau avec le maillet. »

A l'aide de ces renseignements imparfaits, souvent trop obscurs pour que j'aie voulu les traduire tous ici et qui d'ailleurs se rapportent au temps des Romains, les savants modernes ont essayé avec quelque succès de refaire pour ainsi dire une image de la papeterie égyptienne. L'un d'eux même, notre contemporain Dureau de la Malle, avec des tiges du papyrus qui croît encore spontanément en Sicile, est parvenu, en suivant les indications de Pline, à fabriquer quelques feuillets de *charta papyracea,* comparables à ceux que nous ont rendus les ruines de l'Égypte (9).

Sur la substance du papyrus disposée en longues bandes, on traçait, tantôt en colonnes verticales, de véritables pages d'écriture dont chacune avait à peu près le même nombre de lignes, et qui se succédaient parallèlement l'une à l'autre ; tantôt, au contraire, les lignes étaient écrites dans le sens le plus étroit de la bande, de manière à ne former qu'une colonne d'un bout à l'autre du rouleau. Ces bandes, vous le devinez bien, ne restaient pas dépliées, pour peu qu'elles fussent longues ; on les roulait, d'où est venu le mot latin *volumen*, qui veut dire rouleau et qui nous a donné les mots *volume*, *volumineux*. Pour soutenir la matière un peu frêle du papyrus, on l'enroulait d'ordinaire autour d'une tige de bois cylindrique dont l'extrémité se terminait par un bouton. Au bouton pouvait être suspendue par un fil une étiquette contenant le titre de l'ouvrage. De tels rouleaux étaient faciles à transporter, faciles à ranger. Pour les transporter, quand ils étaient en petit nombre, on les plaçait verticalement dans une boîte cylindrique assez semblable à celles où nos parfumeurs enferment de longs flacons d'essences. Pour les garder dans ces dépôts, que désormais nous pouvons appeler des *bibliothèques*, on les mettait à plat sur des rayons, de manière à laisser en dehors le bouton auquel était suspendu le titre. Tout cela devait donner, comme vous voyez, à une bibliothèque en Égypte, l'aspect d'un de nos magasins de papier peint, où des rouleaux sont ainsi rangés dans diverses cases selon leur couleur ou leur prix. Ainsi encore sont souvent rangées les cartes géographiques, soit dans les dépôts publics, soit dans les boutiques des marchands.

La fermeture du rouleau n'est pas non plus à négliger : la plus ancienne paraît avoir été un cordon qui en faisait le tour et dont les deux bouts se rejoignaient en formant une boucle. Le petit rouleau ainsi fermé figure parmi les signes de l'écriture égyptienne, sur de très anciens monuments. On a retrouvé dans les tombeaux quelques-uns de ces rouleaux de papyrus que vous verrez développés sur les murs et dans les vitrines de notre musée égyptien.

Le même usage nous est attesté par la belle découverte que l'on fit, au siècle dernier, dans les ruines de la ville grecque d'Herculanum, détruite l'an 79 de l'ère chrétienne par une éruption du Vésuve : là, dans une seule chambre, qui était probablement la bibliothèque d'un philosophe épicurien, on a retrouvé des centaines de rouleaux, malheureusement calcinés, mais dont quelques-uns ont pu être déroulés en partie, et sur lesquels on a déchiffré l'écriture grecque de plusieurs ouvrages philosophiques (10).

Une fois que la fabrication du papyrus devint une industrie commune en Égypte, la poésie, la religion, toutes les sciences furent pourvues d'un véhicule commode, peu coûteux, à ce qu'il semble, et bien fait pour propager rapidement hors de l'Égypte tout ce que savait et pensait ce peuple de laboureurs intelligents, d'ouvriers, d'artistes habiles, de médecins, de géomètres, de poètes. Or, admirez la différence qu'il y a entre le génie des diverses nations : les Égyptiens ont été les Chinois de l'antiquité classique ; comme les Chinois, ils ont eu l'aversion, sinon la haine des peuples étrangers. Plusieurs de leurs rois ont aimé les conquêtes, et leurs armées se sont répandues fort loin dans l'Asie, fort loin vers le midi de l'Afrique. Mais ce genre de conquête pacifique, que nous appelons le progrès de la civilisation, la propagation des inventions bienfaisantes et des industries utiles, les Égyptiens n'en ont jamais voulu que pour eux-mêmes, et ils en ont obstinément refusé le partage aux peuples leurs voisins. On a quelque peine à croire, et pourtant il est assez bien démontré, que le papier égyptien n'a pénétré en Grèce que vers le viie siècle avant l'ère chrétienne, et cela au plus tôt (11). Encore les Égyptiens ont-ils gardé, sinon le secret, du moins le privilège de le fabriquer et de le répandre, à leur grand profit de commerçants, parmi les peuples méditerranéens.

Ce monopole, toutefois, que l'Égypte devait au privilège de produire presque seule en abondance le papyrus, ne tarda pas à susciter une concurrence. En Asie Mineure, vers le iiie siècle avant l'ère chrétienne, des industriels de la ville de Pergame perfectionnèrent l'appropriation des peaux de bêtes aux usages de l'écriture ; le papier de Pergame (*charta Pergamena*) devint le rival du papyrus et, en tout cas, servit d'utile complément au papier égyptien, soit en formant des rouleaux continus, soit, grâce à sa plus grande résistance, en recouvrant les rouleaux de papyrus. Dans cette *charta Pergamena*, vous reconnaissez sans peine ce que nos pères appelaient le *pergamin*, ce que nous appelons aujourd'hui le *parchemin*. Nos bibliothèques possèdent des rouleaux de ce genre, les uns contenant des offices de l'Église ou de la synagogue, les autres, des listes de fidèles défunts, dont on recommandait l'âme aux prières de leurs frères en religion. Mais ces derniers documents, dont M. L. Delisle a publié un recueil spécial, en 1866, sont d'une date beaucoup plus récente que la période de temps où nous nous sommes jusqu'ici renfermés.

CHAPITRE II

LE LIVRE DE PAPYRUS ET DE PARCHEMIN.

Reproduction et multiplication des livres par les copistes. — Les bibliothèques d'Alexandrie et de Pergame. — Le livre considéré comme l'œuvre personnelle d'un écrivain, ou comme l'expression des croyances et de la vie nationale d'un peuple. — Les Livres de raison. — Le Grand-Livre. — Le Livre bleu, le Livre jaune, etc.

Des divers peuples où le commerce avait répandu l'invention égyptienne, il y en a un chez qui la nouvelle denrée produisit des effets merveilleux. La facilité d'écrire et de propager l'écriture sur une substance telle que le papyrus, donna chez les Grecs une sorte d'élan à la pensée humaine. Des livres en tout genre se multiplièrent; les particuliers en firent des collections, les maîtres d'école en eurent pour enseigner la langue d'Homère; on raconte même qu'un jour Alcibiade (c'était au ve siècle avant notre ère) souffleta un maître d'école qui n'avait pas en sa possession un exemplaire de l'*Iliade*. Les grandes villes aussi eurent bientôt leurs bibliothèques où les volumes ne tardèrent pas à se compter par milliers. Sans doute les volumes d'alors contenaient en moyenne moins de matière que ceux d'aujourd'hui. Nous le voyons par quelques rares exemplaires retrouvés dans les nécropoles de l'Égypte et surtout par les rouleaux d'Herculanum.

Un document que l'on a récemment découvert nous apprend que, sur l'ordre de Ptolémée Philadelphe, deux poètes, qui étaient aussi des savants, firent exécuter des copies correctes, l'un des tragédies, l'autre, des comédies rassemblées dans cette grande bibliothèque, ou plutôt dans les deux bibliothèques fondées alors par ce roi ami des lettres (12). Le même témoignage porte à 42,800 le nombre des volumes contenus dans la première, et à 490,000 le nombre de ceux que renfermait la seconde. Ce nombre n'a rien d'incroyable, car nous pouvons constater qu'il existait alors plus de 550 tragédies et plus de 1,500 comédies (13). Plus tard, un autre poète grammairien, Callimaque, dressa de tous ces livres un catalogue dont nous parlerons plus loin. Ptolémée s'était plu à réunir non seulement des ouvrages grecs, mais encore des ouvrages écrits en diverses langues étrangères dont il faisait exécuter des traductions. Tout cela nous donne l'idée d'une prodigieuse fécondité littéraire et scientifique.

Ces riches collections de livres amoindries par des accidents, comme les incendies ou les tremblements de terre, se renouvelaient et s'augmentaient sans cesse par l'activité de mainte école de savants et par l'activité moins désintéressée des copistes et des libraires. On se plaignait souvent alors des copies faites avec négligence et du zèle des marchands trop empressés à les répandre.

Cela me conduit à vous dire quelque chose des moyens qu'on avait pour reproduire les livres à des centaines ou des milliers d'exemplaires.

Une fois écrit par son auteur, le livre était remis aux mains des copistes ; mais, comme il ne se peut que plusieurs mains travaillent ensemble devant un seul original, les exemplaires se seraient bien lentement multipliés, si l'on n'avait pris le parti de faire dicter ce texte original à plusieurs copistes réunis dans une même enceinte. Dès lors, si vous supposez plusieurs centaines de scribes, travaillant à la fois sous la dictée, le même ouvrage pourra en quelques jours être reproduit à des centaines d'exemplaires. C'est ainsi, sans doute, que, chez les Romains, on a pu de bonne heure exécuter la publication d'une

feuille d'annonces quotidiennes qui, de Rome,
se répandait jusqu'aux extrémités de l'empire et
y portait les nouvelles de la guerre, les anecdotes de la ville, le résumé des délibérations du
peuple ou du sénat, etc (14). Le *Journal de Rome,*
« Acta diurna populi Romani », n'était probablement nï rédigé ni transcrit avec beaucoup de
soin, et cela n'importait guère pour des feuilles
à la main qui ne servaient que de matériaux à
l'histoire. Mais les ouvrages de littérature, les
chefs-d'œuvre surtout, couraient de gros risques à
une reproduction si rapide. Cicéron écrit un jour
à un de ses amis : « Je ne sais où donner de la
tête avec les livres latins, tant ils sortent fautifs
de la main des copistes et des libraires. » Vers le
même temps, Strabon exprime des plaintes semblables au sujet des libraires grecs d'Alexandrie (15); mais le mal remontait bien plus haut :
dès le temps de Démosthène, les tragédies d'Es-
chyle, de Sophocle et d'Euripide s'étaient si fort
altérées par l'inexactitude des copies, par l'indis-
crétion des acteurs qui les accommodaient un peu
trop librement au goût d'un nouveau public, qu'il
fallut remédier au mal. Un grand administrateur,
qui était aussi un lettré curieux, l'orateur Lycurgue, fit relever avec soin les variantes des plus
anciens de ces drames, et il en fit exécuter un

exemplaire modèle qui fut déposé dans l'Acropole ou citadelle d'Athènes, et d'après lequel
devaient être désormais faites toutes les copies
destinées à servir pour les représentations publiques des drames de ces trois grands auteurs. Il y
a bien des siècles que ce précieux exemplaire
est perdu ! Il ne resta même pas longtemps dans
les Archives athéniennes. Un roi d'Égypte, un
Ptolémée, jaloux d'en faire prendre copie pour
sa riche bibliothèque d'Alexandrie, l'emprunta
sur gage aux Athéniens, et aima mieux perdre
son gage que de rendre l'incomparable manuscrit (16). Ce qui nous reste aujourd'hui des œuvres dramatiques de la Grèce, ne nous est parvenu
que par des copies bien inférieures au fameux
exemplaire de Lycurgue, et c'est la fortune de
presque tous les livres qui nous restent de l'antiquité grecque ou romaine : vingt ou trente copies nous séparent quelquefois de la main de
l'auteur, et l'auteur aussi prévoyait souvent les
périls que son œuvre devait courir à travers de
fréquentes transcriptions. Le principal chronolo-
giste du christianisme, Eusèbe, au début de sa
Chronique, met en note une prière touchante
qu'il adresse à ses futurs copistes, pour que
ceux-ci aient bien soin de maintenir chaque date
en face du fait qui s'y rapporte. Les scribes ont

copié la note sans être toujours pour cela bien fidèles à leur tâche !

Le copiste lui-même avait souvent conscience de ses fautes, et quand c'était un moine, comme cela se voit d'ordinaire au moyen âge, il mettait sur le dernier feuillet du volume une humble supplique au lecteur, pour se faire pardonner les erreurs qui lui avaient échappé.

Pour obvier à tant d'inconvénients, on avait souvent aussi recours à la révision des exemplaires par quelque grammairien ou éditeur de profession, qui prenait soin d'y corriger les erreurs, d'y rectifier les fausses leçons, ou tout au moins de noter à la marge les leçons plus correctes empruntées à quelque manuscrit ancien et d'une plus grande autorité ; le grammairien réviseur signait et datait d'ordinaire son travail ; nous avons beaucoup d'exemples de ces signatures.

Au point où nous voici arrivés, il est temps peut-être que je vous convie à quelques réflexions sur le sens nouveau qui s'attache au mot Livre, à mesure que se développent la science et l'art d'écrire. Pour cela, lecteur, je vous prie de hausser un peu votre esprit, et dût-il vous en coûter quelques efforts, de me prêter un redoublement d'attention.

Des pages placées l'une à côté de l'autre, mais

qui ne sont point unies par la continuité du sujet et par la suite des idées, peuvent remplir un
gros volume ou même plusieurs volumes, sans
former ce qu'on doit proprement appeler un livre.
Par exemple, un assemblage de poésies diverses,
ou bien de récits et d'anecdotes, feront si l'on
veut un volume dont la lecture sera fort amusante ; une liste chronologique d'évènements, un
recueil d'observations astronomiques ou autres
intéresseront des lecteurs sérieux et des savants
de profession ; mais tous ces genres d'ouvrages
ne supposent pas chez l'auteur le talent de concevoir une œuvre personnelle, œuvre d'imagination ou de science, d'en tracer le plan et de le
remplir, en donnant à chaque partie de son sujet
ses justes proportions. Ce dernier mérite est le
mérite suprême dans les travaux de l'esprit, et
il convient de signaler les auteurs qui nous en
donnent le premier exemple. Je ne veux pas dire
qu'on puisse assigner à ce premier exemple une
date bien précise dans l'histoire, mais enfin, il
est bon de fixer là-dessus nos idées par quelques
noms propres qui font époque dans la littérature
ancienne. Pour abréger, je me bornerai à un
seul nom, le plus illustre peut-être et le plus
grand de la littérature grecque. Aristote a écrit
des compilations de faits, d'anecdotes, d'obser-

vations, de questions, etc. ; ce ne sont pas là des livres au sens élevé de ce mot, tel que j'essaye de le définir. Ils ont leur utilité, mais ils ne représentent pas un grand esprit embrassant les diverses parties d'une science, pour les exposer avec méthode. Ce même Aristote a écrit en trois livres une *Rhétorique* où il expose méthodiquement les principes et les règles de l'art oratoire ; il a écrit une *Histoire des animaux* (Traité de zoologie) où sont classés, selon la ressemblance de leurs organes, tous les animaux connus alors ; où les fonctions de ces divers organes sont décrites et expliquées aussi bien que le permettait l'état des connaissances au temps d'Alexandre le Grand : voilà deux livres, deux beaux livres que les juges compétents admirent encore aujourd'hui, malgré tous les progrès que la science a pu faire depuis le siècle d'Alexandre. Voltaire faisait grand cas de la *Rhétorique* d'Aristote, et Georges Cuvier de son *Histoire des animaux*. On pourrait y joindre la *Politique* du même auteur, si elle nous était parvenue en meilleur état. Encore, telle qu'elle est, peut-on dire qu'elle a servi de modèle à l'un de nos livres français où se marque le mieux le génie personnel d'un grand philosophe, je parle de l'*Esprit des lois*.

Concevoir et composer ainsi est une faculté

rare, c'est presque le privilège du génie; on dit
volontiers que ce privilège est plus commun en
France que chez nos voisins, surtout que chez les
Allemands. Je souhaite que ce ne soit pas là une
illusion de notre patriotisme. D'ailleurs, tous les
sujets ne se prêtent pas à cette forme de composition savante. Toutes les œuvres d'art ne sont
pas des palais et des cathédrales. Il y a bien des
places honorables, dans la science et dans les
lettres, au-dessous d'un Aristote et d'un Mon-
tesquieu.

Puisque nous sommes en train de philosopher
à propos des livres, restons encore quelque
temps dans ces régions élevées. L'ouvrage où un
fondateur de religion a exposé sa doctrine, et
auquel s'attache la foi des croyants, devient chez
le peuple où il s'est produit le livre sacré, le Livre
par excellence. Tel est, chez les disciples de
Mahomet, le *Coran* ou recueil des préceptes qu'ils
prétendent avoir été dictés d'en haut à ce célèbre
prophète. Tel est, dit-on, chez les Mexicains, le
Popol Vuh (17). Quelquefois aussi le dogme et les
traditions d'un peuple se trouvent rédigés dans
une série d'ouvrages dont la réunion forme le
Livre : tels sont, dans l'Inde, les *Védas*, recueil
d'hymnes religieux dont le texte s'est conservé
depuis seize siècles avant notre ère et forme le

fond de la religion dite brahmanique. Tels sont, en Chine, les *King*, en partie attribués à Confucius, philosophe et réformateur qui vécut au vi^e siècle avant Jésus-Christ. Pour les Israélites, un recueil plus étendu et que vous connaissez tous sous le nom d'*Ancien Testament*, contient les écrits où sont exposées l'histoire, la législation et la religion du Peuple de Dieu. A ces livres, qu'on appelle d'ordinaire *canoniques*, parce qu'ils étaient compris dans un *canon*, c'est-à-dire dans une liste consacrée par l'autorité religieuse, sont venus se joindre, pour les chrétiens, les quatre évangiles et les autres écrits qui forment le *Nouveau Testament*; l'ensemble des deux Testaments, c'est-à-dire des livres sacrés, était désigné en grec par le nom pluriel *Biblia* qui, grâce à sa ressemblance avec un nominatif féminin de la première déclinaison latine, nous a donné le féminin français *la Bible*. La Bible est par excellence le livre de toutes les communions chrétiennes, et surtout celui de la grande communion catholique.

Dans ce sens particulier, que j'ai voulu vous faire comprendre, vous voyez que le livre est comme l'expression d'une nationalité; il représente le fond des croyances dans une grande famille humaine, et il est quelquefois le lien qui en unit le plus solidement tous les membres.

Les deux grandes épopées qui portent le nom d'Homère, l'*Iliade* et l'*Odyssée*, ont à peu près ce caractère dans la Grèce païenne ; mais, si les Grecs respectaient Homère comme l'interprète de leurs vieilles croyances, ils n'ont jamais fait de lui un prophète inspiré des dieux. Ses deux poèmes représentaient la première histoire et la plus ancienne géographie du monde hellénique ; ils n'exprimaient pas, à proprement dire, un dogme, une théologie. Les deux poèmes d'Hésiode, la *Théogonie*, ou abrégé de l'histoire des dieux, et *les Travaux et les Jours*, recueil de préceptes en vers sur l'agriculture, sur la navigation, sur la conduite de la vie, étaient aussi des monuments très vénérés de la sagesse des vieux âges ; mais ils n'avaient pas une autorité comparable à celle de la Bible.

Combien de sens du mot livre mériteraient encore de vous être signalés ! Je veux me borner à deux ou trois.

Les anciens connaissaient déjà les livres de souvenirs (*libri commentarii*, ou simplement *commentarii*) comme ceux de César *sur la Guerre des Gaules*, qui, dans leur simplicité, sont un chef-d'œuvre de narration ; ils connaissaient les livres de comptes (*libri rationum*), où un citoyen consignait ses dépenses et ses recettes, quelquefois aussi les actions de sa vie journalière. Ayant un jour à justifier devant le peuple romain sa gestion de proconsul dans une province, le vieil orateur et général romain, que l'histoire connaît sous le nom de Caton le Censeur, faisait lire une page de son livre de comptes, page qui nous est parvenue (18), comme un témoignage de sa rare économie et de son intégrité. Dans les familles chrétiennes, depuis le moyen âge jusqu'à nos jours, on a aussi rédigé des *Livres de raison*, où l'on notait les principaux évènements domestiques, comme la naissance des enfants, le détail de leur éducation, de leur vocation civile, militaire ou religieuse. Un grand nombre de ces modestes registres se sont conservés jusqu'à nous, et ont mérité d'être publiés, comme des documents authentiques de la vie de nos ancêtres (19).

Et le Grand-Livre? direz-vous; qu'est-ce que le Grand-Livre? C'est la série des registres où sont inscrits chez nous, au Ministère des Finances, les noms de tous les rentiers de l'État, avec le chiffre de leurs créances. Grâce au mouvement continu que produisent le partage des grandes fortunes, la concentration des petites et les autres mutations de ce genre, l'ensemble des registres où sont consignés tant de noms et de valeurs diverses atteint et dépasse peut-être, m'assure-t-on, le chiffre de vingt mille. Il faut avouer que si ce Grand-Livre est un admirable instrument pour le bon ordre de nos finances, il forme une bibliothèque peu attrayante pour la lecture.

Et le Livre bleu, le Livre jaune, le Livre vert, etc., etc.? Ce sont autant de publications que font chaque année, en Europe, les Ministres des Affaires étrangères, et où sont imprimés les principaux actes de la Diplomatie. Chaque nation est convenue d'adopter, pour la couverture de ces livres, une couleur qui sert à les distinguer. La France a le jaune, l'Angleterre a le bleu, l'Autriche le rouge, l'Italie le vert. Les autres nations n'ayant pas encore imité cet usage, il reste plusieurs couleurs à distribuer entre les États qui voudront livrer à la curiosité publique les documents de leur diplomatie.

CHAPITRE III

LE LIVRE CHEZ LES GRECS ET LES ROMAINS.

Les Bibliothèques. — Le commerce des livres. — La fortune d'un livre de poésie. — Les boutiques de libraires, rendez-vous des lettrés et des bibliophiles. — Les poèmes homériques transmis longtemps par la mémoire. — Éditions microscopiques. — Les cartes murales. — La chronique de l'île de Paros. — L'histoire en bas-reliefs à l'usage des écoles.

Au point où je vous ai arrêté, par une longue digression, dans notre second entretien, le métier des copistes, des relieurs, des libraires, était en pleine prospérité. On exécutait des livres de toute dimension, de tout format, des éditions *bijoux,* comme nous dirions aujourd'hui, des éditions compactes, des éditions annotées, des éditions illustrées, ou du moins ornées du portrait des auteurs. Les particuliers luttaient de libéralité avec les princes et les républiques pour fonder de grandes bibliothèques, pour les enrichir et les organiser. A Athènes, la ville hellénique par excellence, ville très fière de sa suprématie sur les autres cités grecques et même sur les Romains leurs vainqueurs, dont les fils se pressaient à ses écoles, à Athènes, vous n'auriez peut-être trouvé que des livres grecs. On y était fort dédaigneux de toute littérature étrangère (20). La bibliothèque d'Alexandrie s'ouvrait déjà plus généreusement à d'autres écrits qu'à ceux des Hellènes ; elle a dû contenir les originaux hébreux de tous les livres de l'Ancien Testament, qui furent traduits en grec dans cette ville, pour l'usage des nombreux Juifs qui avaient perdu l'habitude de leur langue nationale ; c'est la traduction connue sous le nom de version des Septante ou des soixante-dix interprètes. Fondée en Égypte, à l'embouchure même du Nil, dans la Méditerranée, Alexandrie contenait aussi une grande population d'Égyptiens, et parmi eux plus d'un savant capable de traduire en grec quelques-uns des ouvrages produits par les littérateurs égyptiens, depuis les origines de la prodigieuse civilisation qui a fleuri si longtemps dans ce pays. Ainsi, un prêtre nommé Manéthon avait traduit de l'égyptien la chronologie des rois, depuis les origines jusqu'au temps où il vivait lui-même, c'est-à-dire jusqu'au règne de Ptolémée Philadelphe ; trois siècles plus tard, un autre interprète, qui était peut-être Grec de naissance,

Chérémon, avait écrit un livre sur les hiéroglyphes où il expliquait, sans doute pour ses compatriotes, les secrets de la langue des Pharaons. Quel dommage que de pareils écrits ne nous soient pas parvenus complets, que de quelques-uns il nous reste à peine des lambeaux, et de quelques-autres le titre seulement! Conservés jusqu'à nous, ils auraient épargné bien des peines aux savants que l'on appelle aujourd'hui des égyptiologues, et qui poursuivent, à force de sagacité, le déchiffrement des trois écritures différentes que nous offrent les monuments et les papyrus de l'ancienne Égypte.

Néanmoins, c'est surtout à Rome que vous auriez trouvé, au commencement de l'ère chrétienne, de riches dépôts de livres, formés et organisés par des savants, qui n'étaient pas encore des linguistes de profession, comme nous disons aujourd'hui, mais qui s'intéressaient à des ouvrages écrits en des langues très diverses. Les auteurs étrusques (21) avaient fourni leur part aux richesses de la bibliothèque dont César confia le soin au premier érudit de son temps, Terentius Varron (22). Après la conquête de l'Afrique sur les Carthaginois, on avait rapporté de ce pays des livres écrits en langue punique, c'est-à-dire phénicienne, particulièrement des traités d'agriculture, qui furent bientôt traduits en latin pour l'usage des Romains (23); mais la Grèce surtout inondait les marchés de Rome par l'abondance de ses produits; et, la littérature romaine rivalisant de fécondité avec celle des Grecs, il avait fallu créer, dans les principales bibliothèques de Rome, deux départements, comme on dirait aujourd'hui, l'un pour le grec, l'autre pour le latin, dont chacun avait son conservateur (24). Tel de ces fonctionnaires, comme le grammairien Julius Hyginus, affranchi d'Auguste et ami d'Ovide, a laissé un nom célèbre dans l'histoire des lettres (25); il y eut même un temps où la surintendance des bibliothèques fut une des grandes charges de l'empire. Cette charge fut exercée sous Adrien par C. Julius Vestinus, qui paraît avoir été aussi, sous ce règne, le chef de la Chancellerie impériale (26). Vers le même temps, mourait à Rome le Grec Epaphroditus, né dans l'esclavage; devenu, grâce à son savoir, précepteur du fils d'un gouverneur de l'Égypte, il avait acquis de grandes richesses, possédait deux maisons dans un quartier commerçant de Rome, et dans ces deux maisons il avait rassemblé trente mille volumes, choisis parmi les meilleurs et les plus rares, s'il faut en croire son biographe (27).

Rome était alors une ville pleine de lettrés et de

lecteurs. Le matin, vous auriez vu passer dans les rues l'enfant que nous décrit un poète (28), se rendant à son école et suivi du petit esclave qui portait pour lui dans une sacoche ses livres d'étude, ses tablettes et son écritoire. Tel de ces écoliers avait même remporté en prix un bel exemplaire de quelque classique, selon un usage dont Isocrate (29) donna le premier exemple en Grèce, et qu'avait suivi le professeur romain Verrius Flaccus (30). Le maître d'école, à son tour, avait une petite provision d'exemplaires annotés par lui ou par quelque autre de ses confrères, et dont il se servait pour ses leçons. Sur le chemin de l'école était mainte boutique de libraire, maint étalage en plein vent, où l'on pouvait, avant d'acheter un livre, le feuilleter et, comme nous le faisons aujourd'hui, en prendre sommairement connaissance.

En ouvrant un recueil des Épîtres d'Horace, on y lisait, par exemple, ce charmant adieu du poète à son livre, que je voudrais pouvoir citer ici en original, et dont je dois au moins vous offrir en prose la meilleure partie : « Tu sembles, mon livre, regarder du côté de Vertumne et de Janus (cela désigne le quartier des libraires), impatient sans doute de te produire, poli par la pierre ponce, sur les rayons des Sosie (les frères Sosie libraires alors célèbres à Rome). Tu ne peux souffrir ni les clefs ni les sceaux, ces gardiens chers à la pudeur ; tu gémis d'être ouvert à trop peu de curieux ; tu aspires à la publicité, toi que j'ai nourri dans d'autres sentiments. Eh bien ! cours où tu brûles de t'abattre. Une fois échappé, plus de retour pour toi. « Qu'ai-je fait, malheureux, qu'ai- « je souhaité ? » diras-tu, si tu reçois quelque affront ; et tu sais comme te referme l'amateur rassasié, que tu n'as pas su retenir. Si je peux, sans prévention pour un coupable, prédire ta destinée, tu seras cher aux Romains, tant que tu garderas les grâces de l'âge. Quand, fatigué par les mains de la foule, tu baisseras de prix, ou tu nourriras en silence les mites cachées entre tes feuilles, ou tu fuiras à Utique (c'est-à-dire dans une ville obscure et lointaine), en Afrique, ou l'on t'enverra bien ficelé à Ilerda (en Espagne) ; autre danger : un temps peut venir où, négligé de Rome, relégué dans ses faubourgs, ta vieillesse bégayante soit réduite à enseigner aux petits enfants les éléments de la grammaire. »

Sans doute les maîtres d'école, par économie pour eux-mêmes ou pour leurs élèves, achetaient de préférence chez les libraires les livres de rebut. Horace craignait pour le sien cette mauvaise fortune.

Les boutiques de libraires n'attiraient pas seulement des acheteurs; elles étaient aussi le rendez-vous de certains curieux, qui s'y livraient à des entretiens littéraires. Alors s'engageaient entre eux certaines disputes, sur le mérite des éditions exposées; tel livre portait la signature d'un grammairien, qui en avait revu le texte avec un soin scrupuleux; tel exemplaire de Virgile passait pour provenir de la maison et de la famille même du poète. On y recherchait curieusement quelle leçon, quelle orthographe, celui-ci avait préférée, en un passage soumis aux controverses des critiques (31). Mais ce qui surtout attirait l'attention, c'étaient les manuscrits vraiment autographes, c'est-à-dire écrits de la main même de leur auteur. L'historien Tacite avait connu, dans sa jeunesse, un savant qui faisait ainsi collection d'autographes des personnages célèbres (32). En ce genre de curiosité, la passion souvent aveugle des bibliophiles était sujette à quelques méprises, et les faussaires lui tendaient plus d'une embûche : par exemple, lorsque les Ptolémées fondèrent à Alexandrie leur grande bibliothèque, les livres y affluèrent; mais, hélas! le commerce les apportait sans choix, et souvent les vendeurs introduisirent dans ce dépôt des ouvrages ou falsifiés ou complètement faux; c'est ainsi que l'on offrit au bibliothécaire chargé des achats deux et jusqu'à trois exemplaires d'un même ouvrage, portant le nom d'Aristote. Quelques produits de ces fraudes sont encore aujourd'hui sous nos yeux, entre autres un petit abrégé du Système du monde, soi-disant adressé au jeune roi Alexandre par son précepteur, le philosophe, ouvrage aussi peu digne de l'un que de l'autre. La hardiesse des faussaires alla souvent beaucoup plus loin. Un grand personnage, ami de l'empereur Vespasien, se laissait complaisamment montrer l'autographe d'une prétendue lettre écrite au roi Priam par l'un de ses alliés, Sarpédon, roi des Lyciens (33). (Or, notez que l'écriture même était probablement inconnue en Asie au temps de la guerre de Troie.) Trois siècles plus tard, on mettait en vente, sur le marché d'Athènes, un manuscrit de l'*Odyssée* d'Homère, que la fraude ou la complaisance du propriétaire donnait pour être de la main même du poète ; et, ici (34) encore, je vous avertirai que, suivant l'opinion la plus probable, Homère et les héros d'Homère ne connaissaient pas l'usage de l'écriture ; les poèmes homériques, pendant longtemps, se transmirent de bouche en bouche, et restèrent confiés à la mémoire des chanteurs, qui les récitaient sur les places publiques ou dans le palais des grands. Ces chanteurs étaient donc, dans les temps de la Grèce héroïque, des espèces de livres vivants, qui contenaient dans leur mémoire les traditions poétiques du passé. On dit que certains peuples indigènes de l'Amérique eurent ainsi des « hommes-archives », dont la mémoire gardait fidèlement de longs morceaux en prose, et jusqu'à des traités de paix (35). De même, dans l'Inde ancienne, les Védas et de longs récits épiques se sont transmis longtemps par la mémoire ; il n'est pas démontré que l'écriture ait été connue des Indiens, avant le temps de l'expédition d'Alexandre. Jusque dans notre siècle et presque sous nos yeux, s'est produit un exemple de cette puissance de la mémoire pour conserver de vieux poèmes : l'épopée nationale des Finlandais, le *Kalévala,* n'a été recueillie par l'écriture que depuis une quarantaine d'années ; les chants en étaient et en sont encore récités, dans les campagnes, par des chanteurs ambulants, les *Runoias,* et c'est de leur bouche qu'on les a successivement recueillis (36).

De tout temps, d'ailleurs, la mémoire a pu être, en quelque sorte, une émule de l'écriture. Chez certaines personnes, comme chez les acteurs et chez les musiciens de profession, elle suffit à retenir fidèlement des textes assez longs pour couvrir plusieurs centaines de pages. Les anciens

ont connu quelques-unes de ces mémoires merveilleuses : telle fut celle du célèbre Athénien
Thémistocle ; telle fut celle du rhéteur romain
Sénèque, le père du philosophe. Parfois, cet art
de la mémoire devenait presque un métier ser-
-vile. Le philosophe que je viens de rappeler ne
nous raconte-t-il pas, dans sa xxvii*e* *Lettre,* qu'un
Romain, riche et sot pédant, s'entourait d'esclaves, dont chacun savait par cœur toutes les œuvres
d'un poète célèbre, de manière à pouvoir, sur un
signe du maître, en réciter tel ou tel morceau,
approprié au sujet de la conversation avec ses
amis ?

Pour revenir à nos libraires d'Athènes et de
Rome, ils offraient aux acheteurs des exemplaires
souvent fort précieux à divers titres. Tantôt
c'était la qualité du papyrus ou du parchemin qui
les recommandait, tantôt le luxe ou l'élégance de
la reliure ; quelquefois, le parfum du cèdre, ou le
poli du cyprès, dont était formée la gaine du volume. Au reste, dès ce temps, les livres n'étaient
pas tous des rouleaux ; c'étaient souvent des livres
carrés ou *Codices* (d'où nous est venu le français
Code), c'est-à-dire des feuillets appareillés, réunis
l'un à l'autre comme chez nous par du fil, resser-
rés entre deux ais, ou au moins entre deux feuilles
de parchemin. Ce procédé finit par l'emporter sur

les autres, et nous le voyons à peu près seul en usage dans les siècles suivants.

La fécondité des auteurs, particulièrement celle des historiens et des compilateurs (on cite un de ces derniers, le grammairien et compilateur Didyme d'Alexandrie, qui, au temps d'Auguste, publia 3,500 volumes!), avait fait de bonne heure sentir le besoin de diminuer la grosseur et le poids de leurs livres, en les reproduisant avec une écriture très fine, sur du papier très mince. Ainsi, les cent vingt-sept livres, dont se composait l'*Histoire romaine* de Tite-Live, existaient, au temps de Martial (1er siècle après Jésus-Christ), en une sorte d'édition compacte, peut-être même en un seul volume (37). Autre prodige : Cicéron avait vu, dans je ne sais quelle bibliothèque, l'*Iliade* tout entière (c'est-à-dire plus de 15,000 vers), réduite en si peu d'espace, que tout le manuscrit tenait dans une coquille de noix (38). Vous le croirez à peine, et pourtant, dix-sept siècles plus tard, à la cour de Louis XIV, un savant helléniste, Huet, évêque d'Avranches, démontra certain jour, qu'avec du vélin convenable, une plume de corbeau, une écriture aussi fine que la sienne (il oubliait d'ajouter des yeux comme les siens), cette merveille aurait pu être reproduite (39).

Mais les livres bijoux et les livres compacts ne sont guère que des curiosités peu utiles, et qui montrent seulement le dernier terme de l'habileté chez les copistes. Plus sérieux était le mérite des éditions illustrées, comme on dirait aujourd'hui, où des dessins à l'appui du texte, et quelquefois des portraits, furent exécutés soit par une copie d'imitation, soit par le moyen plus grossier du calque.

Un livre de géométrie ou d'astronomie ne pouvait se passer de figures; un livre d'histoire naturelle en avait grandement besoin; un traité de géographie eût été peu utile sans cartes. Mais il paraît qu'on alla, dès le temps de Varron, jusqu'à publier des biographies accompagnées du portrait de chaque personnage (40). Les deux ou trois portraits d'auteurs anciens, que nous ont transmis des manuscrits du moyen âge (ceux des poètes Térence, Horace et Virgile), laissent bien craindre qu'avant l'invention de la gravure, une telle *iconographie,* qualifiée pourtant par Pline « d'invention bienfaisante », transmît très infidèlement les traits des hommes illustres. Les nombreux bustes, en marbre ou en bronze, qui nous sont parvenus de l'antiquité classique, et ceux qui figurent en demi-relief sur les médailles grecques et romaines, paraissent être plus authentiques.

Au reste, faute d'un procédé facile pour reproduire exactement beaucoup d'exemplaires d'un dessin géographique ou topographique, on avait un moyen assez commode d'en faciliter l'usage : c'était de le peindre ou de le graver sur un mur.

Au temps d'Auguste, une carte générale du monde, préparée par les travaux de savants ingénieurs géographes, couvrait les murailles d'un portique élevé par le gendre même de l'empereur, le célèbre Agrippa (41). Un poète du même temps atteste qu'on apprenait la géographie sur des cartes murales (42); je dis cartes murales, non pas au sens moderne de ce mot qui désigne chez nous des cartes destinées à être suspendues sur les murs ; celles d'alors étaient littéralement peintes sur les parois des édifices publics, et quelquefois des écoles. Une école romaine de notre antique ville d'Autun avait des cartes ainsi peintes sur les murs de ses classes, et l'on en a retrouvé quelques débris dans les ruines de cette ville (43).

Cela me rappelle un autre document curieux, qui ne peut qu'intéresser la jeunesse. Dans l'île grecque de Paros, si célèbre par ses beaux marbres, on a retrouvé, il y a deux cents ans, parmi les ruines d'une école, des plaques de marbre

contenant un abrégé chronologique de toute l'histoire grecque, depuis le règne fabuleux de Cécrops
à Athènes (1582) jusqu'à l'an 243 avant Jésus-
Christ, qui est sans doute la date même de cette
inscription (44).

C'était donc sur le mur de leur école que
les enfants apprenaient, non seulement la géographie, mais quelquefois les éléments de l'histoire; ces livres de pierre avaient l'avantage de
se conserver sans grave détriment durant bien
des années, avec l'édifice même dont ils faisaient
partie.

Quelquefois on employa la sculpture en bas-
relief, pour fixer l'attention des écoliers. Nous
possédons encore plusieurs de ces bas-reliefs
exécutés sur pierre ou sur ivoire, où sont représentées les principales scènes des légendes
héroïques de la Grèce, et même des scènes de
l'histoire proprement dite. Au-dessous de chaque sujet se trouve une courte légende en
grec, et parfois le nom du poète chez qui les
enfants pouvaient trouver de chaque scène
un récit plus développé (45). C'était une sorte
de memento fort attrayant pour de jeunes esprits.

Dans les pays romains, nous retrouvons plusieurs calendriers inscrits sur la pierre pour le

service du public. Les citadins de Rome n'avaient pas, comme ceux de Paris, des livrets contenant des cartes de leur ville, mais du moins on pouvait voir au Capitole un plan de Rome gravé sur marbre et dont de nombreux fragments se sont conservés (46).

CHAPITRE IV

LE LIVRE CHEZ LES GRECS ET LES ROMAINS
(*suite*).

Les critiques. — Les éditeurs. — Les auteurs. — Singulière destinée de certains ouvrages. — Fragments littéraires retrouvés dans des tombeaux égyptiens. — Le Livre des morts. — Catalogue de la littérature grecque, dressé par un conservateur de la bibliothèque d'Alexandrie. — Registres des représentations théâtrales.

Les livres de pierre nous ont un peu détourné des autres livres; il est temps d'y revenir. Un genre de luxe qui, mieux que les images, recommandait un livre aux amateurs, ce sont les commentaires pour tous les ouvrages dont la lecture était difficile, soit à cause de la vétusté du langage, soit par la nature même du sujet. Homère, par exemple, deux ou trois cents ans après la composition de l'*Iliade* ou de l'*Odyssée,* avait cessé d'être lu couramment; il avait besoin d'explications ou, comme on a dit plus tard, de scholies. Les notes, d'abord très courtes et marginales ou interlinéaires, s'allongèrent bientôt par la

discussion des passages obscurs, par l'explication des mœurs et des coutumes antiques; et les
pages du poème se trouvèrent entourées, alour-
dies par ce pesant bagage d'érudition. Quelquefois aussi, le commentaire devint un ouvrage à
part, dans lequel on n'insérait plus que les lignes
ou les mots du texte qu'on voulait expliquer; il
fallait bien alors renvoyer, par quelques chiffres
indicateurs, à chaque passage du texte original;
or, ces renvois se faisaient, non comme chez
nous par le chiffre de la page, mais par celui des
lignes. Ainsi le commentateur d'un discours de
Cicéron dira : « ligne 226, à partir du commencement », et à la suite de ce renvoi, il se contente
de transcrire quelques lignes du texte qu'il va
expliquer. En général, chez les grammairiens et
les critiques de l'antiquité, la longueur d'un
morceau en prose se mesure par le nombre des
lignes, ce qui nous semble étrange d'abord, mais,
après tout, n'est pas plus arbitraire que notre
façon de compter par pages (47). Toutefois, un inconvénient de ce procédé, c'est que le mot *stichos*
en grec et le mot *versus* qui le traduit en latin,
désignant l'un et l'autre un vers aussi bien qu'une
ligne, tel bibliographe moderne a pu prendre
un écrit en prose pour un poème : cette mésaventure piquante est arrivée au plus spirituel de

nos bibliographes, à Charles Nodier, à propos d'un Père de l'Église, saint Méthodius, qui n'a jamais écrit qu'en prose, et dont il a fait un poète.

Les livres écrits avec soin par d'habiles calligraphes, et les textes accompagnés d'un commentaire, n'étaient pas le seul genre de production coûteuse dans la librairie ancienne. De bonne heure, les poèmes et aussi les œuvres en prose, à mesure qu'ils vieillissaient, soulevaient des problèmes, que s'exerçaient à résoudre les grammairiens de profession, les *critiques,* comme on les appelait alors; par exemple, dans les deux épopées d'Homère, beaucoup de vers et souvent de longs passages prêtaient à la dispute; on en contestait le sens ou l'authenticité; on attribuait à quelque erreur de la mémoire des rhapsodes ou de la main des copistes telle variante qui offensait l'esprit scrupuleux. d'un critique éditeur. Des ouvrages plus récents, comme les *Dialogues* de Platon, notoirement écrits et publiés par leur auteur même, exigaient mainte explication accessoire pour être bien compris. On se demandait si tel ou tel personnage était bien réellement historique, ou si Platon n'avait pas caché sous un pseudonyme le rhéteur, le démagogue, le philosophe, dont il attaquait les idées ou la conduite. Les divisions mêmes du dialogue où, comme dans une comédie, les personnages qui prennent la parole changent presque à chaque ligne, pouvaient exposer les copistes à maintes méprises contre lesquelles un éditeur soigneux devait naturellement se tenir en garde. Nous connaissons quelques-uns de ces éditeurs : Apollonius et Aristarque pour Homère, Hermodore et Dercyllidas pour Platon (48). Afin de mettre de l'ordre dans les notes si diverses que réclamait un texte difficile, ils avaient imaginé des signes particuliers, dont chacun répondait à un genre d'annotation et qui, placés à la marge du texte, avertissaient le lecteur de recourir au commentaire. Un célèbre manuscrit de l'*Iliade*, qui date du xe siècle de l'ère chrétienne, et que possède la bibliothèque de Saint-Marc, à Venise, nous offre précisément ce poème, accompagné des signes d'Aristarque et des grammairiens ses disciples.

On devine facilement que de pareils livres ne pouvaient être reproduits en très grand nombre et que leur rareté les rendait très coûteux. Aussi ne sommes-nous pas étonnés d'apprendre que certains libraires en gardaient dans leur boutique des exemplaires, qu'ils laissaient seulement consulter à prix d'argent (49); en pareil cas, la librairie faisait à peu près l'office de ce que nous appelons chez nous un cabinet de lecture.

Au milieu de cette activité commerciale et savante, vous devinez que les libraires et les artisans à leur service ne travaillaient pas gratuitement, et que la librairie était un bon métier. Horace nous dit en propres termes, au sujet d'un poème à succès : « C'est là un livre qui rapporte de l'argent aux Sosie (50) » (les Sosie étaient les Didot de ce temps-là). Mais quelle part avait l'auteur dans ces profits? On le sait mal, et très peu de renseignements nous sont parvenus sur ce sujet. Il fallait bien que le poète vécût de son talent, mais le plus souvent, hélas! son talent ne l'enrichissait pas, et, comme chez nous, les débuts de la carrière étaient plus laborieux que lucratifs. Si l'auteur devenait célèbre, alors seulement il pouvait faire la loi à son libraire, et, au besoin, le ruiner à son tour, en ne lui livrant de nouveaux écrits que contre argent comptant ou sur contrat en règle, pour s'assurer une large part dans les bénéfices.

Quant à la poésie au service du théâtre, elle était aussi rétribuée; mais, comme les théâtres anciens ne s'ouvraient qu'un petit nombre de fois chaque année, et que le droit d'entrée était fort modique, l'entrepreneur ne devait pas payer cher les Plaute ni les Térence (51). Au contraire, et c'est une ressemblance de plus entre les mœurs anciennes et les nôtres, le talent des acteurs était fort grassement rétribué ; un comédien en renom forçait la main aux auteurs et aux entrepreneurs. Il est vrai qu'une tragédie ou une comédie, recommandée par le succès de la représentation, trouvait facilement des libraires pour la répandre dans le monde, et cette vente pouvait être d'un bon profit. On raconte que certain poète grec, nommé Anaxandride et qui vivait au ive siècle avant notre ère, ne savait pas supporter un échec sur la scène. Quand une comédie de sa façon n'avait pas réussi, il la « livrait au droguiste, pour la mettre en pièces (52). » Ces morceaux d'un volume déchiré servaient à envelopper la marchandise (53). — Horace nous l'atteste en propres termes, quand il prête mélancoliquement ce langage à un recueil de ses vers : « Je serai porté dans la rue où l'on vend l'encens et les odeurs, et le poivre et tout ce que l'on enveloppe avec le sot papier. » Cela valait autant, pour un livre négligé du public, que de moisir et d'être rongé par les vers au fond d'une boutique, comme le même poète nous le dit dans un autre passage de ses œuvres (54).

Le vieux papier noirci d'encre par un auteur malheureux, servait aussi de bourre pour les emballages, et, plus d'une fois, des morceaux de papyrus que nous payerions plus qu'au poids de l'or, ont servi à ce vulgaire usage. En Égypte, certaines caisses de momies ont offert des amas de papiers parmi lesquels se trouvaient quelques fragments qui, pour nous, étaient de véritables trésors. Une momie, naguère dégagée par M. Mariette, d'un tombeau de Saqqarah, renfermait une pièce d'écriture servant comme de plastron sur la poitrine du mort, et ce manuscrit n'était rien moins qu'une centaine de vers en fort beau grec, des vers d'Alcman, l'un des plus célèbres poètes lyriques de l'antiquité (55); étrange destinée d'un ouvrage que cette unique chance a sauvé de l'oubli.

Puisque cette anecdote singulière nous ramène avec nos lecteurs dans la vallée du Nil, il faut que je leur raconte une autre coutume des Égyptiens : c'était de placer à côté du mort, dans la caisse qui renfermait sa momie, des pièces relatives à ses affaires, des lettres, par exemple, et surtout un exemplaire du Rituel funéraire que les antiquaires appellent ordinairement : *le Livre des Morts* (56). De même qu'il y avait en Égypte des embaumements de première, de seconde ou de troisième classe, de même il y avait des rituels funéraires de dimensions différentes, plus ou moins développés, écrits et ornés de dessins par des calligraphes habiles. C'est ainsi qu'on a, de nos jours, des missels dont la grosseur et le prix varient suivant que le texte en est complet ou abrégé, suivant que l'impression et la reliure en sont plus ou moins luxueuses.

Les auteurs de tant d'écrits en tous genres, s'ils n'avaient pas sur leurs ouvrages un droit bien profitable à leur bourse, avaient-ils au moins l'assurance d'un droit honorifique? Malheureusement, le nom de l'écrivain était fort exposé à disparaître du titre de son livre. D'abord, certains écrits, comme la plupart des plaidoyers chez les Athéniens, étaient composés pour être lus ou récités par d'autres que l'auteur même, et celui-ci, à qui l'on avait payé son travail, n'avait guère le moyen d'assurer plus tard son titre de propriété littéraire (57). Les noms, placés en tête ou à la fin d'un rouleau, étaient justement là plus exposés qu'ailleurs à toutes les chances de destruction; on sait quels dangers courent d'ordinaire les premiers et les derniers feuillets d'un livre, souvent détériorés par l'usure ou par la négligence. A cela, les libraires et les bibliographes essayaient de porter remède par des tables et des catalogues, où, sous le nom de chaque auteur, étaient relevés les titres de ses ouvrages, **quelquefois** même les premières lignes de chaque livre pour les rendre facilement reconnaissables. Un poète fort distingué de l'école d'Alexandrie, conservateur de la grande bibliothèque de cette ville sous le troisième des rois Ptolémées, Callimaque, avait rédigé ainsi une véritable bibliographie de la littérature grecque, dont vous apprécierez l'étendue si je vous dis qu'elle formait plus de cent vingt livres, dont chacun répondait à une classe d'écrits, soit en vers, soit en prose. Jusqu'où alla dans ce travail le zèle du savant conservateur, vous en jugerez si j'ajoute que la cuisine y avait sa place à côté de l'histoire et de la philosophie (58). C'est là que vous auriez vu les œuvres d'un auteur évaluées par le compte des lignes, selon l'usage dont je parlais plus haut : par exemple, la collection des écrits d'Aristote, au dire d'un compilateur (59) qui sans doute puisait à cette source, atteignait le chiffre formidable de 445,270 lignes.

Un autre genre de catalogue, plus ancien que l'ouvrage de Callimaque, c'étaient les registres des représentations théâtrales, où figuraient, avec la date marquée par le nom d'un magistrat annuel, le nom des auteurs et les titres de leurs pièces, quelquefois celui de l'artiste qui en avait fait la musique, quelquefois aussi ceux des principaux acteurs (60). Vous comprenez sans peine l'utilité de pareils documents pour l'histoire littéraire. Ils servaient à fixer les dates des écrits célèbres, à comparer entre elles les diverses rédactions d'un même ouvrage qui pouvaient exister dans la même bibliothèque, et à déterminer laquelle de ces rédactions était vraiment authentique. Pour comprendre les services que Callimaque et ses successeurs avaient rendus aux biographes des hommes célèbres, on n'a qu'à ouvrir le livre de Diogène Laërce, recueil de notices sur les principaux philosophes de la Grèce, notices dont chacune se termine assez régulièrement par la liste de leurs écrits. Ces listes sont souvent fautives, et nous aurions besoin, pour les corriger, de documents plus anciens; mais, hélas! ces documents ont tous péri, et, en fait de catalogues, les ruines de l'Égypte ne nous ont rendu jusqu'ici que les débris informes, sur quelques lambeaux de papyrus, d'une liste d'ouvrages d'Aristote et de ses disciples : c'est là, peut-être, tout ce qui reste des antiques inventaires de la bibliothèque d'Alexandrie (61). Heureusement pour nous, quelques parties des ouvrages où tant de titres étaient enregistrés se retrouvent dans des compilations de date plus récente, où nos historiens modernes se font un devoir de les recueillir.

CHAPITRE V

LES DIVERSES FORTUNES DES LIVRES ANCIENS.

Disette passagère du papyrus, même sur les bords du Nil. — Le
papier remplacé par des planchettes et des fragments de poteries. — Un savant pauvre réduit à écrire ses ouvrages sur les
débris de sa vaisselle. — Bibliothèques détruites par le feu à
Alexandrie, à Rome et à Lyon. — Rouleaux de papyrus retrouvés dans une bibliothèque d'Herculanum. — La liberté
d'écrire opprimée sous les Césars. — Livres détruits ou brûlés
par ordre du Sénat.

Nous n'avons guère vu jusqu'ici que la prospérité croissante des lettres et de la librairie. Il
me faut, hélas! en historien véridique, vous entretenir aussi de leurs misères.

Elles furent nombreuses et diverses.

D'abord, si la pensée, qui est la matière essen-
tielle du livre, ne manqua jamais, la matière commerciale et industrielle, le papier, manqua plus
d'une fois aux écrivains comme aux libraires. Il
semble avoir été toujours d'un prix assez élevé.
Au temps de Périclès, dans le siècle le plus
brillant de la civilisation hellénique, une feuille

de papier de grandeur moyenne valait environ 4 francs de notre monnaie, c'est-à-dire autant que valent aujourd'hui cent cinquante feuilles environ d'un papier de dimension et de qualité moyennes. Cela nous est attesté par un document athénien, qui date de l'an 410 avant l'ère chrétienne, le compte des dépenses faites pour la construction du célèbre temple d'Érechthée, l'un des plus beaux édifices de l'acropole d'Athènes (62). Aussi employait-on souvent, pour les écritures qui n'exigeaient pas de trop larges surfaces, de légères plaques de bois. De ces planchettes il est resté quelques fragments, dont un est conservé dans les vitrines de notre musée égyptien du Louvre. Le même usage existe encore chez les nations musulmanes de l'Afrique et de l'Orient.

En Égypte, d'ailleurs, le principal et peut-être le seul foyer de l'industrie du papier de papyrus, ce précieux végétal était soumis, comme tout autre, aux vicissitudes des saisons. Il y avait des années productives et des années stériles. De là des disettes, auxquelles ne remédiait pas toujours la fabrication plus coûteuse du parchemin. On en a deux exemples au moins : l'un, sous Darius Ochus (63), l'autre sous le règne de l'empereur Tibère. Dans ce dernier cas, où d'ailleurs la seule cause du mal fut peut-être le retard des convois maritimes d'Alexandrie, le manque de papier prit la proportion d'un fléau pour la capitale du monde ; il y aurait eu des troubles sérieux, peut-être des périls pour l'ordre public, si l'on n'avait alors chargé des arbitres de répartir, en proportion des besoins et des demandes, l'insuffisante provision que l'Égypte avait envoyée dans les ports de l'Italie (64). Chose étrange, malgré tous les progrès de l'industrie que nous étudierons plus loin, un fait analogue s'est produit de notre temps ; en 1871, dans les derniers jours du siège de Paris par les armées allemandes, nous avons vu, sinon les particuliers pour leurs écritures, du moins les imprimeurs, si fort à court de papier, que certaines feuilles quotidiennes furent tirées sur un papier grossier et de couleur brunâtre ; il en reste plus d'un exemplaire, qui sont déjà recherchés des amateurs de curiosités historiques et qui figureront plus tard dans les musées de nos arrière-neveux.

Dans nos musées d'aujourd'hui, on trouve d'autres témoignages, et de bien étranges pour nous, de la rareté du papyrus, même sur les bords du Nil. Quelques manuscrits sur papyrus provenant d'Égypte sont ce que l'on appelle *opisthographes,* c'est-à-dire écrits des deux côtés, et l'écriture du verso présente des textes tout à fait étrangers aux sujets traités sur le recto : par exemple, des lettres familières ou des comptes de ménage, au verso d'un traité d'astronomie ou de dialectique. C'est évidemment par économie que l'on a ainsi utilisé la seconde surface du rouleau de papyrus. Mais, chose plus étrange, qui croirait que, dès le Ier siècle de notre ère, les soldats romains cantonnés dans la haute Égypte et les officiers de l'administration romaine, manquant de papier pour les pièces de leur comptabilité journalière, telles que *reçus* de solde et de diverses contributions, écrivaient ces *reçus* sur des *ostraka*, c'est-à-dire sur des fragments de poterie (65)? C'était, il faut l'avouer, une matière peu commode, peu portative, et pourtant on s'en est servi, même pour la correspondance familière. Si l'écriture de ces singuliers documents n'était grecque, le plus souvent, et à peu près déchiffrable, si elle ne portait des dates lisibles, on n'oserait croire qu'un tel usage ait duré si longtemps, et qu'il ait commencé bien avant la décadence de la littérature et de la librairie antiques. Rien, pourtant, n'est mieux attesté. Mon petit musée possède plusieurs de ces fragments; il en possède même un de l'espèce la plus rare : c'est le tiers environ de la panse d'un grand vase sur laquelle un chrétien d'Égypte a écrit, en fort mauvais grec, le récit d'un miracle de Jésus-Christ (celui de la piscine probatique), en l'accompagnant d'un hymne touchant et naïf à la gloire de Dieu (66).

On prétend que la pauvreté réduisit certains auteurs à rédiger ainsi des ouvrages entiers sur les débris de leur vaisselle. Le fait est formellement raconté d'Apollonius Dyscole, le plus éminent de tous les grammairiens grecs, qui vivait au siècle des Antonins. Or, de ses nombreux écrits, il nous reste encore aujourd'hui de quoi former un bien gros volume. On est effrayé de la place que devaient remplir et du poids que devaient peser de pareils brouillons! Croyons plutôt que la légende a grossi un fait réel pour le fond. Le grammairien, avant d'être célèbre, vécut peut-être fort pauvre et put, de temps à autre, comme les soldats et les fonctionnaires romains de l'Égypte, comme plus tard les solitaires chrétiens de la Thébaïde, écrire quelques notes, quelques souvenirs sur des fragments de poterie. Les Arabes n'ont-ils pas aussi une légende, d'après laquelle Mahomet aurait, sous la dictée d'un ange, écrit le Koran sur des omoplates de mouton?

Je vous disais, au début de ce récit, que le

LIVRE était un très grand personnage. Vous le voyez, comme tous les héros de l'histoire, comme Alexandre et Charlemagne, il a sa légende.

Rapprochons-nous maintenant de l'histoire sérieuse.

Dans les contrées les plus riches en écrivains laborieux, en ouvriers de tous genres pour la reproduction et la diffusion des œuvres de l'esprit, il est triste de voir combien de périls ont pu courir les livres qui, dès leur naissance, semblaient destinés à obtenir du public l'accueil le plus empressé. Le célèbre Aristote avait, dit-on, légué tous ses manuscrits au plus savant de ses élèves, Théophraste. Celui-ci, n'ayant pas eu le temps de les publier tous, et les ayant à son tour légués à des héritiers peu dignes d'un tel honneur, l'héritage resta longtemps enfoui dans une cave où beaucoup de volumes se détériorèrent (67). Cette tradition nous explique, si elle est vraie, le mauvais état où nous sont parvenus beaucoup d'ouvrages du plus grand philosophe de l'antiquité. Elle explique aussi pourquoi ces livres se répandirent si tard en Occident, et ne furent guère connus des Romains qu'après la prise d'Athènes par leur général Sylla. Autre exemple plus singulier de mauvaise fortune : un Ptolémée en Égypte, successeur de ces souverains qui avaient fondé la riche bibliothèque d'Alexandrie, eut un jour je ne sais quel accès de colère contre les lettrés, qu'il expulsa tous de son royaume (68). Une pareille persécution ne pouvait guère durer chez un peuple aussi ami des arts que le furent les Hellènes, et, Dieu merci! on ne voit pas qu'elle ait fait grand tort ni à la science ni à la poésie. Par une bizarre coïncidence, les annales chinoises rapportent, au règne de Tchin-Tsi-Hoang, qui fut presque contemporain de Ptolémée Philométor, une grande persécution contre les lettrés et la destruction de milliers de livres anciens, parmi lesquels on signale de vénérables monuments de la sagesse chinoise, dont à peine quelques exemplaires furent sauvés comme par miracle (69).

Ce sont là des malheurs imputables aux caprices de volontés despotiques ; mais, même dans l'état régulier de la société ancienne, les livres et leurs auteurs ont couru plus d'une fois d'autres dangers.

Il y a d'abord les désastres accidentels. Trop souvent des dépôts d'archives et de bibliothèques furent ravagés ou complètement détruits par le feu. Lors de la prise d'Alexandrie par Jules César, la flamme dévora une des grandes bibliothèques de cette ville, celle qui se trouvait dans le quartier appelé Bruchium (70). Dans l'incendie allumé à Rome par la folie cruelle de Néron, trois bibliothèques aussi disparurent avec les trésors littéraires qu'elles renfermaient (71). Les villes de province n'étaient pas à l'abri de pareils fléaux. Sous le règne de Claude, la ville de Lyon (appelée alors Lugdunum) fut totalement anéantie par le feu en une seule nuit (72). Mais ces désastres, d'ordinaire, ne manquaient guère d'être assez promptement réparés. Quand le Capitole brûla, durant la guerre civile que devait finir la victoire de Vespasien, de tous les trésors accumulés dans ce vieux sanctuaire de la religion et du patriotisme romain, il ne resta que des débris informes : là, étaient réunis depuis longtemps des milliers de registres et de tables de bronze, formant les archives de l'empire.

En recourant aux copies, qui existaient dans d'autres dépôts de la plupart de ces textes authentiques, on parvint à en refaire une collection qui atteignait le nombre de trois mille pièces ; c'est ce que Suétone, le biographe de Vespasien, appelle noblement *instrumentum imperii pulcherrimum* (73). Un demi-siècle après l'incendie qui l'avait détruite de fond en comble, notre ville de Lyon reparaît plus florissante que jamais par les beaux-arts et par le commerce. Elle a des libraires, et ces libraires sont jaloux d'exposer dans leurs boutiques ce qu'on appellerait aujourd'hui les nouveautés de la littérature. Pline le Jeune apprenait, avec une joie qu'il atteste dans sa correspondance, que ses livres trouvaient des amateurs sur un marché si éloigné de Rome, si éloigné même de Côme, sa patrie (74).

A la même période de l'histoire (79 ans après Jésus-Christ) se rattache le souvenir d'Herculanum et de Pompéi, enfouis sous la cendre brûlante du Vésuve (75)..Dans la première du moins de ces deux villes, on a retrouvé en une seule chambre dix-sept cents rouleaux de papyrus, qui appartenaient tous à la bibliothèque d'un épicurien, et dont une partie notable a pu être déchiffrée, grâce à des prodiges de patience et d'industrie, par des savants napolitains (76). Moins heureuse à cet égard, la ville de Pompéi ne nous a pas rendu un seul des livres qu'elle a dû jadis renfermer; et pourtant on y voit encore, très reconnaissable aux inscriptions qu'elle porte et à ses dispositions intérieures, la boutique d'un libraire, avec son atelier pour les copistes (77); mais la cendre humide, qui a pénétré partout dans cette ville, y a détruit jusqu'aux moindres parcelles de papyrus et de parchemin. Les habiles explorateurs qui dirigent le déblaiement de ces ruines désespèrent d'y retrouver les restes d'un seul manuscrit ayant forme de livre; on y a seulement trouvé, sur des tablettes de bois enduites de cire, que l'on peut comparer au carnet d'un banquier, certains comptes de recettes, qui ont été déchiffrés sans trop de peine (78).

A côté de ces désastres, il faut compter les destructions plus ou moins violentes qui sont dues, hélas! à la volonté des hommes.

Le poète Ovide nous en est un premier exemple; exilé de Rome par l'empereur Auguste pour une faute dont on n'a jamais su le secret, et relégué dans une petite ville sur les côtes du Pont-Euxin (aujourd'hui la mer Noire), il pouvait encore y écrire assez librement les élégies où il déplore sa misère; mais on voit qu'en envoyant ses vers à Rome, il était peu rassuré sur l'accueil qu'ils allaient y recevoir. Vous ne lirez pas sans intérêt, même dans une faible traduction en prose, quelques lignes de l'épître qu'Ovide, à l'imitation d'Horace, adresse au recueil de ses *Tristes*, comme il les a intitulés : « Petit livre, je n'en suis pas jaloux, tu pars sans moi pour la *Ville* (Rome) où ton maître ne peut te suivre. Va, mais mal vêtu, comme il convient au livre d'un exilé. Infortuné, garde le vêtement de ta misère, que la pourpre du vaciet ne teigne pas ta couverture, sa couleur ne sied pas à qui porte le deuil. Que sur ton titre le minium n'attire pas les yeux, et que le cèdre ne parfume pas tes feuilles. Que sur ta tranche noire ne se détachent pas deux pommettes blanches (ce sont les extrémités de la tige ronde autour de laquelle le papyrus était roulé). Un si bel appareil ornera des livres heureux. Toi, tu ne peux oublier mon malheur. Que tes deux tranches ne soient pas polies à la pierre ponce, afin de laisser voir ta chevelure en désordre (c'est-à-dire les bords non rognés du rouleau de papyrus). Ne rougis pas non plus de tes ratures : en les voyant, on sentira que mes larmes les ont faites. Va, mon livre, et salue en mon nom ces lieux chéris..... » Et, après cette minutieuse description, le poète continue à parcourir par la pensée les temples et les palais de sa chère ville de Rome, où il craint partout des embûches, et le réveil de la colère du prince qui l'a jeté dans l'exil. Il représente le livre entrant dans la maison où il retrouvera ses aînés, et, là encore, craignant d'exciter des soupçons contre son maître. On voit combien déjà, dans ces dernières années du règne d'Auguste, la condition des écrivains était souvent difficile.

La liberté d'écrire et de publier des livres fut grande assurément chez les Grecs et chez les Romains ; mais, comme elle dégénéra parfois en licence, il fallut des lois pour la réprimer, et ces lois furent souvent appliquées avec beaucoup de rigueur. Non seulement on condamna au feu des libelles diffamatoires (cela pouvait n'être que justice), mais la sévérité s'étendit jusqu'à des œuvres d'histoire sérieuse, dont l'auteur péchait seulement par trop d'admiration ou simplement d'estime pour un gouvernement déchu. C'est ainsi que, sous Tibère, l'historien Crémutius Cordus était condamné pour avoir parlé avec honneur des derniers défenseurs de la République, Brutus et Cassius. Avant lui, un autre annaliste, dont les livres étaient brûlés par ordre du Sénat, ne voulut pas survivre à leur destruction et se donna volontairement la mort (79). Les ouvrages de Tacite ne nous sont parvenus qu'incomplets. Ce grand écrivain avait jugé avec une austère indépendance le règne des premiers empereurs; il avait courageusement flétri un Néron et un Domitien. On peut craindre que cette liberté ait été pour quelque chose dans la disparition partielle de son œuvre. Il devait déplaire aux héritiers de ces premiers Césars de voir répandre, dans la société romaine, des jugements empreints d'une si noble tristesse, sur le régime politique que subissait, que méritait peut-être par ses fautes, Rome depuis longtemps dégénérée.

On raconte que l'empereur Tacite, qui croyait descendre du célèbre historien, prit soin de faire reproduire ses écrits et de les répandre dans les bibliothèques (80). Qui sait si nous ne devons pas à cet heureux hasard de pouvoir lire, du moins, la moitié de ces éloquents récits, qui sont l'honneur de l'esprit humain?

CHAPITRE VI

LES LIVRES DANS LES PREMIERS SIÈCLES CHRÉTIENS.

Le christianisme intolérant pour les livres hérétiques. — Ce que devient la littérature profane entre la sévérité de l'Église et l'ignorance des barbares. — La tradition antique conservée par Boèce et Cassiodore. — Activité des premiers pères de l'Église pour la défense et la propagation du christianisme. — La Bible polyglotte d'Origène. — Amoindrissement des études scientifiques. — Réduction en manuels de plusieurs grands ouvrages. — Quelques œuvres des écrivains grecs conservées par des traductions en langues orientales. — Avantages et inconvénients de ces traductions.

Après la passion politique, il faut tenir compte aussi des disputes religieuses.

En matière de religion, les peuples païens étaient volontiers tolérants. Ils avaient tant de dieux divers, qu'il leur coûtait peu d'en admettre un de plus dans leurs temples. L'autorité publique ne se montra, chez eux, rigoureuse que contre les athées de profession. Encore connaît-on peu d'exemples formels de ces rigueurs. Les procès pour cause d'impiété n'étaient pas rares (81); mais on ne voit pas que beaucoup de livres, plus ou moins irréligieux, aient péri par suite de la condamnation de leurs auteurs. Il n'en fut pas de même après le triomphe du christianisme. Le dogme chrétien, formulé de bonne heure par les apôtres, puis par les docteurs réunis en conciles, ne comportait pas cette liberté de discussion et d'interprétation que le polythéisme avait permise aux plus hardis de ses philosophes.

Épicure, par exemple, un résolu contempteur des dieux du paganisme, avait vécu tranquille et heureux dans Athènes, où florissaient autour de lui et le culte ancien et mainte superstition récente ou d'origine étrangère. La société chrétienne fut moins indulgente, soit pour les hérétiques, soit pour les philosophes qui s'attaquaient à ses mystères, à sa théologie. Trois docteurs surtout, Celse, Porphyre et Julien, avaient écrit contre le christianisme. Sévèrement réprouvés, signalés au mépris et à la défiance, leurs écrits ne pouvaient guère survivre aux temps où ils furent publiés : il n'en reste que les parties conservées dans la prose même des docteurs chrétiens qui en ont écrit la réfutation. Quant au célèbre Arius, l'auteur de l'hérésie qui tint si lontemps en échec l'orthodoxie catholique, son livre,

frappé d'anathème par les conciles, a complètement disparu.

Même en dehors de ces persécutions, qu'explique une passion sincère chez les chrétiens ortho-
doxes, il était naturel que le triomphe de la religion nouvelle fît peu à peu tomber dans l'oubli
beaucoup d'œuvres de la littérature païenne. On
accuse un pape d'avoir encouragé la destruction
des écrits profanes; mais ce pape, Grégoire le
Grand, a trouvé sur ce point des défenseurs (82), et
il paraît démontré que son seul tort est d'avoir
conseillé aux membres du clergé de borner leurs
études à la Bible latine et à ses commentateurs.
Un grand évêque, saint Basile, avait, deux siècles
auparavant, conseillé, bien au contraire, l'étude
des anciens poètes de la Grèce, et montré tout
ce qu'une telle étude, bien dirigée par les maîtres,
avait de salutaire pour l'éducation du cœur et
de l'esprit. L'opuscule de saint Basile sur ce sujet est devenu classique dans nos écoles, comme
celui de Plutarque sur l'éducation des enfants.

Nous voici arrivés au temps des grandes invasions barbares, et celles-là, il faut le dire, ont
jeté dans le monde civilisé bien d'autres désordres
que la lutte de deux religions inconciliables.

Je ne sais vraiment si nos historiens, surtout
ceux qui écrivent pour la jeunesse, ont bien fait

sentir tout ce que la civilisation a dû perdre par l'irruption de ces millions d'hommes sans aucune culture, sans aucun goût pour les arts, sans aucun respect pour les monuments que le génie des artistes avait multipliés dans tout l'Occident. Les industries mêmes qui ne servaient qu'aux élégances de la vie, devaient être méprisées par des peuples uniquement adonnés à la guerre, ou aux grossiers plaisirs d'une vie nomade. Il fallut bien du temps pour que ces rudes conquérants devinssent curieux des raffinements d'une vie plus savante. Pour nous borner à ce qui est de notre sujet, les Goths, les Huns, les Vandales, tous ces envahisseurs qui se jetaient sur l'Europe, ne sachant ni lire ni écrire, ne durent que bien tard s'intéresser aux livres et aux bibliothèques qui avaient tant de valeur pour les vaincus. Heureusement, l'Évangile ne pénétra pas dans leurs âmes par la seule prédication; ils durent s'habituer peu à peu à la lecture des livres saints. D'ailleurs, une fois maîtres de grands empires, il leur fallut des ministres un peu lettrés pour les affaires du gouvernement; il leur fallut des chancelleries régulièrement organisées, et ils commencèrent ainsi à devenir les disciples des grammairiens et des rhéteurs, que Rome et que la Grèce leur offraient en grand nombre. Plus d'un savant de l'Occident latin devint le ministre d'un roi barbare : tel fut Boèce, traducteur et commentateur d'Aristote, à la cour de Théodoric ; tel fut aussi Cassiodore, grand amateur de littérature, grand promoteur de tous les arts qui concourent à produire des livres, à les embellir, à les répandre (83). Quelques princes même se montrèrent jaloux, pour leur propre compte, de beau savoir ; le roi des Francs, Chilpéric, à l'instar de l'empereur romain Claude (84), se donna un jour le plaisir d'ajouter des lettres à l'alphabet, caprice de prince dont le succès dura peu.

Malgré cela, dans le monde grec comme dans le monde romain, les écoles devenaient moins nombreuses, l'art d'écrire était de plus en plus livré aux routines de la pratique ; le goût s'altérait, la langue se corrompait, et l'abaissement des intelligences eût été sans remède, si le christianisme n'avait apporté aux sociétés en décadence un puissant élément de vie. Au bout de quelques siècles, toutes les écoles littéraires étaient devenues chrétiennes, et l'enseignement du dogme nouveau, entretenant partout l'activité des esprits, combattait l'ignorance et prévenait le malheur qu'aurait produit une complète interruption des études savantes. Ce que le christianisme déploya d'ardeur dans les controverses, de fécondité dans la prédication, on peut le mesurer d'après les œuvres de plusieurs docteurs de la religion nouvelle. C'est par volumes in-folio que se comptent les écrits des premiers Pères de l'Église, de saint Augustin, de saint Jean Chrysostome. La Bible, à elle seule, provoqua des travaux immenses, ne fût-ce que pour être traduite de l'hébreu en grec et en latin, et pour être propagée ainsi plus facilement parmi les nations de l'Orient et de l'Occident. Vous savez que l'Ancien Testament, en original, forme un gros volume, même dans les éditions les plus compactes. Or, figurez-vous ce que devait être la Bible polyglotte d'Origène, recueil de six textes, rangés en colonnes parallèles, de tous les écrits canoniques : un texte hébreu, un texte latin, quatre et même cinq traductions diverses en grec. Quel effort de labeur, quelle dépense supposaient de pareils livres ! La traduction latine de la Bible, celle qui est consacrée dans l'Église sous le nom de *Vulgate,* est due surtout à saint Jérôme. Je ne sais rien de plus curieux que les préfaces de ce savant homme, en tête de chacun des ouvrages qu'il traduisait d'après l'original hébreu ou chaldéen. On aime à y voir quelle passion de recherche, quelle finesse d'interprétation déployaient ces docteurs, combien étaient encore faciles les communica-

tions entre les diverses écoles, entre les bibliothèques, entre les librairies des nations civilisées.

En dehors de l'enseignement religieux, la
science, il est vrai, commençait à s'amoindrir.
L'histoire naturelle, l'astronomie, et en général la
connaissance du monde physique, se réduisaient
de plus en plus à des notions superficielles. On
louait éloquemment les beautés de la création,
l'*OEuvre des six jours;* c'était même un sujet fa-
vori de la prédication chrétienne (de là le titre
d'*Hexameron* que porte, entre autres, un recueil
d'homélies de saint Basile), mais on ne l'étudiait
plus comme l'avaient étudiée les éminents physi-
ciens et astronomes de l'antiquité grecque. Pour
s'accommoder aux besoins d'une société moins
curieuse, la science se réduisait en de courts manuels, qui coûtaient peu de peine à leurs auteurs,
peu de dépenses aux libraires et à leurs clients.
Ce fut, à quelques égards, un fléau pour la
grande et belle littérature que cette manie des
abrégés. Dans un ouvrage en trente-sept livres,
le savant romain Pline avait présenté un tableau
de la nature et du monde civilisé (*Historia natu-
ralis*). Quand cette encyclopédie eut trouvé un
abréviateur (cet abréviateur se nommait Solin et
son petit livre est intitulé *Polyhistor*), elle fut de

plus en plus négligée; toutefois, elle n'a pas disparu, et c'est encore pour nous une riche mine d'érudition. Mais beaucoup d'abrégés ont tué le gros livre qu'ils résumaient pour le vulgaire des lecteurs. C'est ainsi, sans doute, que nous avons perdu, en tout ou en partie, de grands corps d'histoire, comme ceux de Théopompe et de Polybe parmi les Grecs, de Trogue Pompée et de Tite-Live parmi les Romains.

Un exemple moins connu, et que je citerai parce qu'il me semble caractéristique, est celui du petit Dictionnaire latin rédigé au temps de Charlemagne par le diacre Paul. Au temps d'Auguste, le grammairien Verrius Flaccus, qui fut pendant quelque temps le précepteur des petits-fils de ce prince, avait composé un grand Dictionnaire historique de la langue latine, contenant en vingt livres tous les mots, même les plus anciens, avec citations d'auteurs : c'était un vrai trésor d'érudition variée, mais, par sa richesse même, il parut bientôt embarrassant. Trois siècles après, un nommé Pompeius Festus en fit un premier abrégé qui, à son tour, parut trop long pour les maîtres et les écoliers de ces temps barbares où Charlemagne et Alcuin essayaient de réveiller le culte des lettres ; et ce fut Paul le diacre qui se chargea du soin d'abréger à son tour le livre de Pompeius Festus. Ce dernier ouvrage, le plus court et le moins instructif des trois, nous est seul parvenu ; le premier a disparu ; du second, il ne reste que la moitié environ des articles, depuis la lettre M, dans un manuscrit que les flammes avaient à moitié consumé quand l'imprimerie sauva ce qui en restait.

Les recueils d'extraits n'ont pas fait moins de tort aux éditions complètes des écrits originaux. C'est ainsi qu'au ve siècle, un compilateur nommé Jean de Stobi ou Jean Stobée, avait recueilli par ordre de matières des centaines de pages ou de courts fragments des prosateurs et des poètes les plus célèbres de la Grèce ancienne. Plusieurs de ces écrivains ne nous sont plus connus que par ce qui s'en trouve dans la compilation de Stobée. Il faut bien l'avouer d'ailleurs, la tentation était forte d'alléger un peu, pour le plus grand nombre des lecteurs, les innombrables écrits qui s'étaient accumulés dans les bibliothèques. Entre le ve siècle avant l'ère chrétienne et le vi^e siècle après Jésus-Christ, on compte, dans la Grèce seulement, plus de six cents historiens, parmi lesquels vingt-cinq ou trente étaient de premier ordre ou pour le talent ou pour l'érudition. Cela excuse sans doute un empereur grec de Byzance,

Constantin Porphyrogénète, qui eut l'idée de faire exécuter en grand et méthodiquement, un ensemble d'extraits des principaux historiens sous des titres comme : *Extraits des stratagèmes, des batailles, des ambassades, des bons et des mauvais exemples*, etc. Les rares manuscrits qui nous restent de cette collection ont sauvé pour nous bien des pages d'histoire empruntées à de volumineux ouvrages qui sont aujourd'hui perdus ; de ces pages, toutes sont plus ou moins précieuses, par exemple, celle de l'historien Nicolas de Damas, où est racontée, et cela par un annaliste grec, par un contemporain, le tragique épisode de la mort de Jules-César.

Une autre chance de salut pour quelques œuvres littéraires de la Grèce ancienne, ce fut la traduction en langues étrangères. Les Arméniens, au nord de l'Asie, et les Syriens, dans la Palestine, initiés de bonne heure à la connaissance du grec et à l'amour d'une si belle littérature, devinrent bientôt curieux d'en faire passer les œuvres dans leur langue. Les philosophes et les Pères de l'Église profitèrent surtout de cette prédilection, et tel ouvrage d'un docteur illustre, d'Eusèbe, par exemple, ou de saint Jean Chrysostome, dont l'original grec a péri, s'est conservé soit en arménien, soit en syriaque. Quelquefois même, du syriaque il a passé en arabe, et de l'arabe, durant le moyen âge, en hébreu ou en latin. Au bout d'un si long voyage, l'auteur original arrive à nous bien défiguré, et, quand nous pouvons par bonheur comparer le texte primitif avec ces traductions de seconde, de troisième ou de quatrième main, nous sommes un peu effrayés d'y voir la pensée de l'auteur altérée jusqu'à devenir souvent méconnaissable.

Un traité scientifique peut sans trop d'inconvénients traverser ainsi plusieurs langues; de l'une à l'autre, la synonymie des termes est assez rigoureuse; ainsi, la *Géométrie* d'Euclide, la *Mécanique* d'Archimède, peut-être même la *Médecine* et la *Chirurgie* d'Hippocrate, perdaient peu de leur valeur en passant des écoles grecques à celles de l'Assyrie ou de l'Espagne occupée par les Arabes. Le style n'a qu'une médiocre importance dans les écrits de ce genre, et les idées mêmes n'y sont pas de nature à s'altérer facilement, pourvu que le traducteur possède également bien et sa propre langue et celle de l'auteur qu'il traduit. Mais il n'en va pas de même pour la littérature, où la différence du génie des peuples se marque plus clairement. Les Arabes, malgré la richesse de leur imagination orientale, n'ont ni produit ni même connu rien qui ressemble à l'épopée grecque, à la tragédie ou à la comédie grecque. Aussi, dans combien de contre-sens tombe un interprète arabe de la *Poétique* d'Aristote ; la tragédie, dont il n'a sous les yeux aucun exemple, devient pour lui « l'art de louer », et la comédie, qu'il ne connaît pas davantage, se réduit à « l'art de blâmer » (85). Le petit ouvrage d'Aristote sur la *Poétique* n'est pas toujours très clair dans la rédaction incomplète que nous en avons en langue grecque. Mais dans la traduction latine faite d'après une traduction arabe, c'est un grimoire à peu près inintelligible et dont l'histoire littéraire ne peut guère tirer profit.

Les souvenirs que nous venons de rassembler nous conduisent au milieu du moyen âge. C'est le moment de nous représenter ce qu'étaient alors dans les bibliothèques publiques ou privées, surtout dans les bibliothèques des monatères, la condition des livres et la profession de ceux qui les écrivaient, les ornaient ou les vendaient. Cette étude sera le sujet du chapitre suivant.

CHAPITRE VII

LES LIVRES AU MOYEN AGE.

Les manuscrits et les copistes. — Les instruments du calligraphe. — Étymologies des mots *rubrique* et *miniature*. — Diplômes des temps mérovingiens et autres manuscrits des VIIIe et Xe siècles, sur papyrus. — Rareté du parchemin au VIe siècle de notre ère. — Les *palimpsestes* ou livres récrits. — Précieuses découvertes obtenues par leur déchiffrement.

Malgré la sombre impression que nous cause le spectacle des invasions barbares, des longs déchirements qui les ont suivies, vous avez déjà vu, dans notre dernier entretien, que le moyen âge n'a pas été sans fécondité ni sans gloire littéraire, que l'industrie et le commerce des livres sont loin d'y avoir disparu; il paraît seulement que cette activité se perpétua surtout dans les cloîtres et par la main des religieux, qui étaient devenus à peu près les seuls représentants de la science, les seuls instituteurs de la jeunesse.

Entrons au dépôt des manuscrits dans une de nos grandes bibliothèques, nous admirerons encore combien sont nombreux, combien sont beaux quelquefois les manuscrits en langues très diverses, particulièrement en grec et en latin, que nous a légués le moyen âge. Tantôt nous verrons des livres de poche à l'usage des étudiants, tantôt d'énormes volumes où un amateur sans critique et sans goût avait confusément rapproché des cahiers appartenant aux ouvrages de plusieurs auteurs et exécutés par divers copistes. Tantôt ce sont de magnifiques volumes d'une écriture constamment belle et soignée, des livres d'amateur par excellence, où la correction du texte n'a guère souffert que de négligences à peu près inévitables de la part des copistes les plus consciencieux. Souvent le calligraphe a signé son œuvre en se recommandant, « pauvre pécheur », à l'indulgence et aux prières de ses lecteurs ; quelquefois (mais cela ne se voit guère que dans les manuscrits latins de l'Occident), le copiste, qu'il soit un moine à l'esprit grossier, ou bien un scribe vénal, écrit après sa dernière ligne un vers de forme assez barbare et dont la pensée peut se traduire ainsi : « Ici finit mon livre ; par le Christ, qu'on me donne à boire. »

Explicit hic totum, per Christum da mihi potum.

**Beaucoup de manuscrits portent la trace d'une

révision critique faite avec plus ou moins de soin par le propriétaire ou par un grammairien de profession ; la signature alors fait souvent foi de cette révision dont elle donne la date. C'est ainsi que l'on a pu apprendre à classer par ordre de siècles les manuscrits non datés en rapprochant leur écriture de celle des livres qui portent une date, car il est naturel de supposer que la ressemblance des écritures indique des manuscrits de même âge.

Une difficulté particulière se présentait aux copistes latins quand ils avaient à copier un livre contenant des citations en grec. L'honnête scribe ignorait souvent cette langue. Alors, de deux choses l'une, ou bien il calquait péniblement les traits de l'écriture grecque, et ce calque nous est fort utile, malgré son imperfection, pour les citations d'auteurs grecs dont aucune copie originale ne nous est parvenue ; ou bien il avouait son embarras en supprimant la citation et en la remplaçant par les deux lettres *gr.*, c'est-à-dire *grecum*, formule que l'usage a développée en quatre mots : *grecum est, non legitur,* devenu presque un proverbe pour désigner l'ignorance du grec. Nous possédons sous le nom de *Nuits attiques* une très amusante compilation du Romain Aulu-Gelle, bibliophile fort instruit dans les deux littératures où il a puisé la plus grande variété d'anecdotes et d'extraits intéressants. Plusieurs manuscrits de ce curieux livre sont dépourvus des citations grecques que l'auteur y avait insérées ; aux temps et dans les monastères où ils ont été copiés, le grec était presque entièrement inconnu. Quelquefois, aussi, les transcriptions du grec par un scribe ignorant nous apprennent (ce qui n'est pas sans intérêt) comment la langue d'Homère et de Démosthène était alors prononcée.

Mais ces copistes, ces calligraphes, sur quelle matière, avec quels instruments exerçaient-ils leur métier? Nous avons là-dessus des témoignages qui remontent aux premiers siècles de l'ère chrétienne. Le recueil de petits poèmes grecs connu sous le nom d'*Anthologie*, contient sept petites pièces dont le sujet uniforme est l'offrande d'un calligraphe à quelque divinité, offrande mentionnant tous les outils nécessaires à sa profession (86) ; j'essayerai de donner en vers français le contenu d'une de ces pièces, fort gracieuse dans l'original et que mes vers alourdiront un peu ; mais ma prose ne leur eût pas fait moins de tort :

> Ce plomb mou qui réglait la marche de mes doigts,
> Ce calame assoupli pour maints détours adroits,
> Ce canif qui le fend et l'amincit, la pierre
> Où le roseau s'aiguise, enfin ma trousse entière

Avec le polissoir, l'éponge et l'encrier,
Jadis les instruments de mon humble métier,
Je te les offre, ô dieu, puisque affaiblis par l'âge
Et ma main et mes yeux renoncent à l'ouvrage.

Le *plomb mou* de la première ligne était tantôt une rondelle, tantôt une tige de ce métal, que l'on promenait, comme chez nous, le long d'une règle pour tracer des lignes peu sensibles à l'œil, mais suffisantes, à l'effet d'assurer la main du copiste et d'obtenir un nombre égal de lignes pour chaque page. On a retrouvé, naguère, dans les eaux de la Seine, quelques-uns de ces petits instruments qui ont longtemps servi à nos ancêtres. Le crayon les a remplacés pour les registres de commerce, pour les écoles et pour l'usage journalier des personnes jalouses d'assurer la régularité de leur écriture. Un progrès plus récent encore, c'est l'usage d'une encre très pâle déposée, à l'aide d'un appareil spécial, sur le papier que dans notre commerce on appelle le « papier réglé ».

Le *calame* ou roseau à écrire était, comme on le voit, taillé, fendu, surcoupé sans doute avec un canif, puis encore poli et appointi sur une pierre ; c'est seulement au viie siècle de notre ère que nous trouvons la première mention de la plume remplaçant le calame (87). Mais déjà ce dernier atteignait certainement sous la main du calligraphe une finesse comparable à celle de notre plume de corbeau, ou de nos plumes métalliques.

Le papyrus qui contient des vers du poète grec Alcman nous offre à la marge des notes d'une écriture presque microscopique ; il en est de même d'une déclamation écrite au courant du calame par un rhéteur grec et dont j'ai le bonheur de posséder l'original, sur un papyrus, hélas ! bien délabré (88) ; enfin la merveille d'une *Iliade* écrite de manière à pouvoir tenir dans une coquille de noix (merveille dont je vous ai déjà parlé) est une preuve des tours de force dont un calligraphe grec était capable, bien avant que fussent appliquées à l'usage de l'écriture la plume d'oie et la plume de corbeau.

Le *polissoir* était un morceau de pierre ponce dont la substance poreuse et un peu rugueuse mordait facilement sur les bords d'un papyrus roulé, et qui aplanissait la surface de ses tranches, comme chez nous le ciseau du relieur rogne les bavures marginales du papier.

L'*encrier* de nos copistes grecs semble n'avoir contenu que de l'encre noire. Le mot grec qui désigne l'encre, *melan,* signifie simplement le noir, et le mot latin *atramentum,* devenu en vieux français *arrement,* désigne aussi l'emploi d'un liquide noir ; mais les papyrus égyptiens et certaines palettes antiques retrouvées en Égypte indiquent l'emploi d'encres de diverses couleurs. Les calligraphes romains et les calligraphes grecs mirent également, mais plus tard, quelque curiosité à varier les couleurs de l'encre, surtout pour les titres d'ouvrages ou de chapitres, pour les lettres initiales de ces chapitres. Le luxe alla même plus loin ; on trouva le moyen de délayer dans un liquide convenable de la poudre d'or et de la poudre d'argent, et l'on eut ainsi des lettres en or et en argent, dont l'éclat devait plaire à l'œil, surtout quand il se détachait sur un parchemin teint en pourpre, comme on en a quelques exemples. Le *minium*, qui est un sel de plomb rouge, servait d'ordinaire aux titres de lois dans les copies des codes ; de là nous est venu l'usage d'appeler *rubrique* (*rubrica*, lettres de couleur rouge) les titres de loi. En outre, le *minium* a donné son nom aux *miniatures*, dont l'art, en se perfectionnant, est devenu une branche originale et singulièrement riche de la peinture. Mais quel papier pouvait recevoir une ornementation si riche et si délicate? Était-ce le papyrus ou le parchemin? Vous remarquerez que le calligraphe, dont je vous ai plus haut traduit l'offrande pieuse, ne parle précisément pas de son papier. C'est que le papier ne comptait pas parmi les outils de sa profession ; il était fourni par l'auteur ou le libraire. Celui qui a écrit cette dédicace n'avait pas à offrir au dieu un échantillon de son papier. Pour des manuscrits de bonne condition, mais sans vains ornements, le papyrus pouvait suffire. En Égypte même, des pièces de linge ont reçu non seulement de l'écriture, mais des dessins d'une certaine variété. Les Romains aussi ont connu les livres de linge (*libri lintei*), contenant des prédictions sibyllines ou des rituels religieux. Toutefois le parchemin, plus solide que le papyrus et susceptible d'un poli plus parfait, devait tôt ou tard supplanter ce produit de l'industrie égyptienne. Les révolutions qui ravagèrent l'Égypte au ve siècle et dans les suivants, surtout depuis l'occupation par les Arabes, durent nuire beaucoup à la production du papyrus. On a cru longtemps que le khalife Omar, lorsqu'il s'empara d'Alexandrie, en avait fait brûler la bibliothèque, sous prétexte qu'elle ne contenait rien d'utile pour les disciples du Prophète. Cette légende a perdu tout crédit, et l'on sait qu'après tant de dévastations antérieures, les soldats d'Omar trouvèrent peu de livres à brûler (89). Mais, si on ne détruisait pas alors les livres anciens, l'Égypte fournissait de moins en moins à la fabri

cation des livres nouveaux. Cette industrie sub-
sista plusieurs siècles encore après la conquête
arabe. Beaucoup de diplômes des temps mérovingiens sont écrits sur papyrus. Parmi les rouleaux
qui appartiennent au vice-roi d'Égypte et qui
sont déposés au musée de Boulacq, il y en a un
contenant des Vies de saints en copte (c'est la
forme la plus récente de la langue et de l'écriture
égyptiennes), et qui se termine par une souscrip-
tion en grec datée de l'an 450 de Dioclétien (ère
des martyrs), ou 752 de l'ère chrétienne, c'est-à-
dire de l'enfance de Charlemagne. En Italie,
les bulles pontificales ont été longtemps rédigées
sur papyrus, et l'on en connaît une qui porte la
date de 998 (90) ; mais il est probable que, dès lors,
ce n'était plus qu'un luxe conservé dans certaines
chancelleries.

Même en sa nouveauté, lorsqu'il sortait des
mains de l'ouvrier, ce papier végétal, léger,
fragile, de peu de consistance, devait se détério-
rer facilement ; il avait à subir bien des chances
d'altération. Nous le voyons par ceux mêmes qui
se sont le mieux conservés en Égypte ; les feuilles, sous la moindre pression, s'agglutinent les
unes aux autres ; pour peu que le rouleau ne soit
pas soigneusement maintenu dans sa forme cylindrique, les plis du papyrus y produisent des dé-

chirures. Quand ce papier était découpé par pages et que les pages constituaient un livre à notre manière, non plus un rouleau, ces pages étaient difficiles à feuilleter; elles avaient peu de soutien; aussi, quelques libraires avaient imaginé de faire alterner dans un même volume des pages de papyrus avec des feuilles de parchemin, comme cela se voit dans un beau manuscrit de saint Augustin que possède notre Bibliothèque nationale.

Le parchemin, à son tour, manqua parfois aux besoins de la consommation. Dès le v° ou vi° siècle de notre ère, il devenait rare sur quelques points de l'Occident. Cette rareté rendit fréquent un usage déplorable, qui d'ailleurs paraît remonter plus haut, jusqu'à l'antiquité classique (91), et auquel nous devons la perte de nombreux ouvrages. Pour écrire les actes d'un concile ou les méchants vers d'un poète de la décadence, on passait l'éponge sur le parchemin qui contenait, par exemple, des discours ou des traités philosophiques de Cicéron, puis on écrivait le nouveau texte, soit entre les lignes de la vieille écriture encore apparente, soit sur ces lignes mêmes, quand on croyait l'avoir suffisamment effacée, soit enfin transversalement. Ces sortes de manuscrits sont ceux que l'on appelle des *palimpsestes* (regrattés), quoique, à vrai dire, l'opération se fît avec l'éponge ou tout au plus avec la pierre ponce (92), non avec le grattoir. Les philologues modernes se sont tard avisés de tenter le déchiffrement de la première écriture des palimpsestes ; elle exige de fort bons yeux, et quelquefois l'emploi de réactifs chimiques qui, pour faire revivre la première écriture, altèrent beaucoup la substance du parchemin. Mais les découvertes qu'on a faites par ce moyen l'ont pleinement justifié. Quel trésor pour nous que le palimpseste de Gaïus qui nous a rendu, bien mutilée sans doute en quelques parties, l'œuvre classique de ce grand jurisconsulte ! Quel trésor que les belles pages, ainsi découvertes, de la *République* de Cicéron ! Quel précieux et original document que la correspondance du rhéteur Fronton avec son élève, qui fut depuis l'empereur Marc-Aurèle ! Fronton correspondant avec ce jeune César rappelle aux amateurs de notre littérature les lettres de Fénelon au duc de Bourgogne et les réponses de ce prince.

Dans les palimpsestes, c'est presque toujours les œuvres de littérature païenne qui sont recouvertes par des œuvres chrétiennes écrites en la même langue. Quelquefois aussi la seconde langue est différente de la première, comme dans un manuscrit de la bibliothèque du *British*

Museum, où un écrit en syriaque nous cache la plus ancienne copie que l'on connaisse de plusieurs chants de l'*Iliade* (93). En pareil cas, il n'y a pas découverte à proprement dire ; mais nous sommes justement curieux de connaître quel était, au IVe ou au Ve siècle de notre ère, l'état de ce vénérable texte, qui, depuis Homère jusqu'au temps de ses commentateurs alexandrins, avait subi bien des remaniements.

CHAPITRE VIII

LES LIVRES AU MOYEN AGE (*suite*).

Les manuscrits des livres saints remarquables par la beauté de l'écriture et par la richesse des ornements. — Singulière indifférence des juifs pour l'ancienneté des manuscrits de leurs livres saints. — Passion des Arabes pour les beaux livres. — Les bibliothèques chez les Musulmans. — Retour aux peuples chrétiens. — Manuscrits latins avec illustrations. — Habileté et fécondité des miniaturistes au moyen âge. — Leurs infidélités au costume et au caractère des personnages. — Une époque nouvelle dans l'histoire du livre. — Le papier de coton. — La lecture des textes rendue plus difficile par l'usage des abréviations. — Retour à l'antiquité. — La sténographie chez les Romains. — Les notes tironiennes. — Les tachygraphes. — Les éditions subreptices.

Vous avez vu, dans le chapitre précédent, une cause nouvelle, après tant d'autres, de la destruction des chefs-d'œuvre de l'antiquité païenne. Le commerce libre et surtout les religieux, attachés dans les monastères au service de la calligraphie, négligeaient, naturellement, de plus en plus les écrivains profanes de l'antiquité, pour s'attacher surtout aux tetxes chrétiens, et d'adorb à l'Ancien et au Nouveau Testament. Puis, les livres destinés aux offices de l'église, missels, antiphonaires, eucologes et autres; puis, les écrits des docteurs, tels que saint Basile et saint Jean Chrysostome, occupèrent presque uniquement les calligraphes. Voilà pourquoi nous en possédons un très grand nombre de manuscrits qui remontent jusqu'au vᵉ et même au ivᵉ siècle de l'ère chrétienne, et dont plusieurs sont exécutés avec un grand luxe d'ornements : capitales de couleurs diverses, capitales enjolivées d'arabesques, quelquefois même renfermant dans leurs panses de petites peintures faites avec le pinceau le plus délicat; puis grandes miniatures représentant, soit le portrait plus ou moins authentique des apôtres ou des saints docteurs, soit des scènes de l'Ancien et du Nouveau Testament. Même sans ce luxe d'ornements, quelques manuscrits des livres saints offrent une perfection de calligraphie merveilleuse. Tel est un petit volume qui porte le nᵒ 412 dans le fonds grec de notre Bibliothèque nationale : c'est un recueil des Évangiles et des Épîtres, et l'écriture, toujours très nette, est quelquefois d'une finesse microscopique. Les traductions latines et même les traductions en langues modernes de la Bible et des écrits ecclésiastiques furent, à leur tour, traitées avec le même honneur par la calligraphie ; on a, en ce genre, des livres d'un prix inestimable, et pour la netteté du texte, et pour la beauté des petits tableaux qui y sont encadrés.

A propos de la traduction des livres saints, un fait singulier doit être signalé : c'est que l'original hébraïque de ces livres n'existe plus que dans des manuscrits de dates relativement récentes. On m'assure que le plus ancien manuscrit hébreu de la Bible ne remonte pas au-delà du xe siècle de notre ère. Cela peut justement étonner ceux qui ne savent pas que les juifs, persuadés de l'immutabilité du texte biblique, n'ont aucune préférence pour les vieux exemplaires, où ils ne songent pas à chercher un texte moins altéré par la main des copistes. Ils ont été même, dit-on, jusqu'à détruire, au moins jusqu'à enfouir dans des dépôts condamnés à l'oubli, et où souvent ils pourrissent, les exemplaires du Vieux Testament que leur vétusté rend hors de service. La mémoire, d'ailleurs, supplée chez eux à la fidélité des copies. Plus d'un Israélite sait par cœur une grande partie et quelquefois la totalité de l'Ancien Testament.

Les disciples de Mahomet entendent un peu différemment le respect pour leur unique livre saint, le Coran. Ils en recherchent, ils en vénèrent les plus anciens manuscrits. Il y a telle copie du Coran que l'on croit appartenir à une date très voisine de la mort du Prophète ; et, à partir de cette date, on connaît beaucoup d'autres copies exécutées avec un soin religieux, soit en caractères arabes ordinaires, soit avec ces caractères d'une beauté remarquable qu'on appelle *couphiques*.

En général, les Arabes, dès que se développa chez eux la culture littéraire, se distinguèrent par le goût des beaux livres (94). Il se forma chez eux beaucoup de calligraphes habiles, dont l'histoire a quelquefois conservé les noms et dont les copies furent justement célèbres dans tout l'Orient. Le khalife Othman, troisième successeur de Mahomet, s'était occupé de faire réunir en un seul corps les parties dispersées du Coran ; de plus, il s'était fait un devoir de transcrire de sa main plusieurs copies de cet ouvrage. Ces exemplaires, au nombre de quatre, furent envoyés par le khalife à des villes importantes de l'empire musulman, pour y être conservés avec soin. Un de ces manuscrits précieux était déposé à Damas, un autre dans la ville de Maroc. Un troisième, envoyé en Égypte, se trouvait au nombre des quarante exemplaires du Coran enfermés dans des boîtes de soie jaune que le sultan Kansour-Ghouri faisait porter autour de lui, comme autant de talismans, à la sanglante bataille où Sélim Ier (1516) écrasa la puissance des Mamelouks. Ces volumes furent foulés aux pieds et détruits dans le tumulte et le désordre de la défaite.

Toutes les villes de la domination musulmane avaient leur bibliothèque. Mais plusieurs causes ont contribué à la destruction ou à la dispersion de ces richesses : les séditions, les guerres, les incendies et, qui plus est, la rapidité avec laquelle, dans ces climats brûlants, les livres sont dévorés par les termites et autres insectes.

C'est surtout chez les Arabes d'Espagne que le goût des livres paraît avoir été très vif. La ville de Cordoue se distinguait en ce genre de toutes celles de la contrée ; elle posséda longtemps le quatrième de ces manuscrits du Coran calligraphiés par Othman, dont nous avons parlé plus haut. L'iman y faisait des lectures à la foule attentive. Cordoue possédait, au temps de sa prospérité, une bibliothèque de 400,000 volumes, et, au VIe siècle de l'hégire, le nombre des bibliothèques ouvertes au public dans différentes villes d'Espagne s'élevait à soixante-dix. Comment ne pas regretter que de tels trésors aient presque tous disparu dans les guerres que les chrétiens d'Espagne poursuivirent jusqu'à l'expulsion totale de la race des envahisseurs? Aujourd'hui, les Anglais dans l'Inde et les Français en Algérie traitent avec un bien autre respect la religion, la langue et les livres de leurs sujets non chrétiens.

Cette réflexion nous ramène aux Grecs et aux Latins du moyen âge.

La littérature profane, quoique bien souvent sacrifiée à la littérature religieuse, compte pourtant, dans nos bibliothèques, quelques manuscrits d'une rare valeur. Par exemple, les six comédies de Térence étaient accompagnées, dans de très anciens manuscrits, de petits dessins qui, en tête de chaque scène, mettaient sous les yeux du lecteur les figures, les costumes des principaux personnages, et fixaient par le dessin la place qu'ils occupaient sur la scène. Un de ces manuscrits, sans élégance, il est vrai, mais qui remonte peut-être au viie siècle, appartient à notre grande bibliothèque; il y en a un pareil à la bibliothèque du Vatican. Ces dessins, fort naïfs, presque grossiers, ont pourtant un grand prix pour les antiquaires. La savante Mme Dacier, traductrice de Térence, les a reproduits, mais avec une médiocre fidélité, dans son édition de ce poète. Elle en aurait retrouvé d'autres d'une peinture beaucoup plus savante dans des manuscrits moins anciens de Térence. Mais, là, le talent du miniaturiste, trop insouciant de la couleur locale, a sans façon habillé les personnages du poète latin en gentilshommes, en châtelains, en châtelaines, en varlets des beaux temps de la chevalerie; c'était un anachronisme dont il fallait se défier.

A vrai dire, si la miniature a déployé, durant le moyen âge, une habileté, une fécondité remarquables, et si c'est à son école que se sont formés, dès le xIV^e et le xV^e siècle, quelques-uns des maîtres de l'école italienne et de l'école flamande, ce n'est pas pour la fidélité du costume et des caractères des personnages qu'elle mérite surtout l'admiration des connaisseurs. Car, dans les miniatures bibliques, Moïse et le roi David, Salomon et les prophètes ne sont pas moins travestis que les personnages romains de Térence. Les bonnes intentions de tant de peintres charmants et modestes (car il n'était pas dans l'usage qu'ils signassent leurs œuvres) leur ont fait pardonner bien des négligences et des maladresses. En Orient, la tradition avait changé en une sorte de règlement absolu la méthode que devaient suivre les peintres miniaturistes, comme les mosaïstes, pour représenter les principaux personnages de l'Histoire sainte. Ces règlements défendaient ainsi la peinture contre les écarts de l'esprit d'innovation, et communiquaient à leurs œuvres une sorte de gravité particulière (95).

L'esprit des peintres calligraphes de l'Occident trouvait aussi à s'exercer avec une liberté naturelle, quand il s'agissait pour eux d'illustrer, par des figures, un Traité de zoologie ou de botanique, un Traité de la chasse en forêt ou de la fauconnerie. En décrivant des plantes ou des animaux qui, naturellement, n'ont pas changé de forme depuis l'antiquité jusqu'à nos jours, on peut déployer plus ou moins d'habileté, mais on n'est pas exposé aux erreurs de costume dont témoignent certains manuscrits grecs ou latins que nous venons de citer. Que dis-je? ces erreurs mêmes ont leur utilité pour l'histoire des mœurs et des usages du temps où vivait le peintre; car, d'ordinaire, c'est pour avoir trop fidèlement copié des châteaux, des figures de soldats, de moines, de bourgeois ses contemporains, qu'il avait altéré l'image des temps antiques; aussi, les savants modernes qui, comme M. Jules Quicherat ou le bibliophile Jacob, ont écrit des livres sur l'histoire du costume, ont-ils beaucoup emprunté aux dessins dont abondent les vieux manuscrits à miniatures.

Voilà des souvenirs qui nous engagent dans une voie où nous pourrions nous égarer ensemble. Je ne vous ai pas promis une histoire de la peinture. Si le peu que j'en touche ici vous encourage à quelques études sur ce sujet, vous en trouverez facilement la matière dans notre Bibliothèque nationale, l'une des plus riches du monde, sinon la plus riche en livres sur vélin avec miniatures. Vous verrez même là des livres où l'écriture n'a guère été qu'un prétexte pour fournir au miniaturiste l'occasion d'exercer son art, comme chez nous aujourd'hui le texte de certains albums n'a d'autre objet que d'expliquer les dessins d'un artiste habile, ou bien (ce qui est plus fréquent encore) de lui fournir les motifs de ces dessins. Ne cédons pas à la tentation que nous offre une si intéressante imagerie; revenons au modeste calligraphe dont je vous ai plus haut décrit l'appareil, et continuons de suivre sa fortune à travers le moyen âge.

Le papyrus et le vélin manquaient souvent au commerce dès le xe siècle de notre ère. Mais, déjà, les ateliers de l'Orient commençaient à nous fournir un autre papier, dont l'inventeur est inconnu et dont le nom le plus communément usité est *charta bombycina* (96), le coton (*bombyx*) en fournissant la principale matière. C'est un papier ordinairement plus épais que le parchemin, susceptible d'un beau lustrage et qui

peut supporter l'écriture la plus fine. Nos bibliothèques possèdent des centaines de volumes en
papier de ce genre. L'industrie de la *charta bombycina* a donc rendu de véritables services aux
lettres et aux sciences, par sa diffusion opportune
en un temps où, des deux autres papiers, l'un
disparaissait, tandis que l'autre se maintenait à
un prix fort élevé.

Cette cherté de la matière à écrire favorisait
certaines tendances de l'écriture à s'amincir, à
se resserrer. Les lettres dites *onciales,* à cause de
leur grosseur, furent peu à peu abandonnées, si
ce n'est dans les livres de luxe. On y substitua
des caractères plus fins, des ligatures qui ne sont
pas sans élégance, mais qui fatiguent d'autant
plus l'œil du *paléographe* (lecteur de vieilles écritures), qu'elles sont très variées, souvent person-
nelles au copiste. Aux ligatures qui sont le propre de l'écriture cursive, se joignent les abréviations, qui réduisent quelquefois un mot entier à
un seul trait de plume. Tout cela permettait de
faire tenir en *une* page ce qui en aurait occupé
dix; grande économie de papier sans doute, mais
aussi grand surcroît de gêne pour la lecture, soit
des manuscrits destinés au commerce, soit des
cahiers de notes écrits par des écoliers. Mais,
l'usage une fois établi (et il fallut beaucoup de

temps pour cela), il ne semble pas que personne s'en plaignît. J'imagine d'ailleurs que l'écriture abréviative avait du bon, comme l'on dit, surtout pour les auditeurs d'un Abélard, d'un Thomas d'Aquin, d'un Guillaume de Champeaux. La plupart des écoliers étaient pauvres, et ils devaient épargner le papier. Il nous est resté quelques-uns de leurs cahiers, qui nous font juger de la pénurie où ils vivaient.

Un autre moyen de restreindre les dépenses de papier, c'était l'emploi de ce qu'on appelait alors les *notes tironiennes* et qu'on appelle aujourd'hui la *sténographie*. Cela demande quelques explications.

Les Grecs peut-être, les Romains certainement, ont de bonne heure employé des signes abréviatifs (*notæ*), pour recueillir la parole au courant de l'improvisation. On raconte que Xénophon, le célèbre historien et disciple de Socrate, recueillait ainsi les entretiens de son maître sur la morale et la politique, qu'il a rédigés depuis dans des écrits que nous possédons encore. Exemple plus touchant, le cordonnier Simon, chez qui Socrate aimait quelquefois à s'entretenir familièrement avec ses disciples, prenait aussi des notes à l'aide desquelles il composa, selon une mode alors fort répandue, des dialogues *socrati-*

ques (97). On croit posséder quelques-uns de ces morceaux parmi les dialogues qui portent le nom de Platon. Chez les Romains, c'est à un affranchi et ami de Cicéron, à Tullius Tiron, que l'on fait honneur d'avoir inventé le premier système de signes pour cet usage ; on conçoit que ces signes aient gardé le nom de leur inventeur. Cicéron lui-même s'en servait quelquefois dans sa correspondance avec ses amis. Dans les tribunaux et au Sénat, on ne peut douter que les secrétaires eussent à leur service des sténographes, qui s'appelaient *notarii*. La fonction très subalterne des *notarii* s'éleva peu à peu. De simples rédacteurs ils devinrent des secrétaires proprement dits, puis des gardiens des écritures authentiques, et voilà comment leur nom a passé dans notre langue pour désigner une classe très respectable d'officiers publics, les *notaires*. Dès le ıv^e siècle après J.-C., les sténographes, sous le nom latin que je viens d'expliquer, ou sous leur nom grec de *tachygraphes* (écrivains rapides), formaient un service important dans les chancelleries impériales de Rome et de Constantinople (98). Le poète Ausone célébrait en jolis vers cette rapidité d'une écriture qui courait aussi vite que la parole (99). On ne s'étonnera pas qu'il se soit conservé jusqu'à nous quelques exemples de cette écriture, quelques procès-verbaux, comme ceux auxquels se réfèrent souvent les *Actes des martyrs*. Mais nous pouvons nous étonner de ce que des pièces purement littéraires, comme les discours de saint Basile, dont nous avons mainte copie en caractères grecs, se trouvent aussi écrits en *notes tironiennes*. Était-ce pour s'entretenir la main, que des copistes grecs se faisaient, sans utilité, sténographes? De tels livres étaient peut-être à l'usage des apprentis tachygraphes, qui apprenaient ainsi en peu de temps le sens des *notes*, en comparant un texte *tironien* avec le même ouvrage écrit en latin ou en grec.

Ce qui est plus facile à deviner et à comprendre, c'est que la sténographie jouait quelquefois de mauvais tours aux orateurs et même aux professeurs. Quintilien, l'habile rhéteur, se plaint qu'une partie de ses leçons, ainsi recueillies, aient été livrées au public par des élèves indiscrets, avant qu'il eût pu les corriger (100). La même mésaventure arriva, dit-on, à un orateur chrétien (101). Au reste, il arrivait aussi quelquefois que le manuscrit d'un auteur, avant d'avoir reçu de sa main les dernières corrections, était livré aux copistes et répandu dans le public par des mains indiscrètes. Diodore de Sicile qui écrivait, au temps de César et d'Auguste, sous

le titre de *Bibliothèque historique*, un abrégé
d'histoire universelle, déclarait, à la fin du quarantième et dernier livre, que plusieurs parties
de son ouvrage lui avaient été volées, qu'elles
circulaient en des copies incorrectes et qu'il ne
voulait pas être responsable d'une telle publication. L'abréviateur de Pline l'Ancien, Solin,
dont je vous ai parlé plus haut, se plaint, dans
la préface de son *Polyhistor*, de ce que, sous le
titre de *Collectanea*, son petit livre avait été mis
en circulation d'après une copie très fautive; il
avait dû, pour réparer le mal, procéder à une révision sévère et à une publication nouvelle de
cet ouvrage. Les éditions anticipées et presque
frauduleuses ne sont donc pas chez nous des
nouveautés.

CHAPITRE IX

LES LIVRES AU MOYEN AGE (*suite et fin*).

Excuses de l'auteur à ses lecteurs sur la méthode suivie dans cette histoire. — L'opuscule de Plutarque sur la *Manière d'écouter*. — Les calligraphes, enlumineurs, miniaturistes, relieurs et parcheminiers de Paris, au commencement du xvᵉ siècle. — Formation des *librairies* (bibliothèques). — La librairie du Louvre, sous Charles V. — Le Missel de Juvénal des Ursins. — Livres de luxe pour les amateurs, et livres à bon marché pour les étudiants, dans l'antiquité comme au moyen âge. — Nouvel essor donné au commerce des livres par l'invention du papier de linge ou de chiffon. — Notions préliminaires sur les origines et sur les premiers essais de l'imprimerie.

Le vieux professeur qui, du fond de son cabinet, vous entretient avec sa plume d'un sujet assez grave, sait, par expérience, quel respect on doit à l'attention de l'auditeur ou du lecteur le plus bienveillant. Il y a bien des manières d'être attentif dans un auditoire. On l'est des yeux et des oreilles, avec passion; on l'est quelquefois plus froidement; on l'est par décence et pour ne pas se montrer impoli envers celui dont on écoute les leçons. Le bon Plutarque, un des auteurs anciens qui sont le mieux connus de la jeunesse, a écrit quelques pages charmantes sur la *Manière d'écouter*, où il nous montre toutes les attitudes que peut avoir un écolier devant la chaire du maître, et où il donne d'excellents conseils aux auditeurs d'une leçon publique. Ce qu'il dit à propos des leçons qu'on écoute n'est pas moins vrai pour celles que l'on lit. Si l'attention de l'auditoire se fatigue, la faute, j'en conviens, est bien celle de l'orateur autant que celle des honnêtes gens qui sont venus à lui, pour s'instruire, sans trop de fatigue, et dont il doit soutenir le zèle en se tenant toujours à la portée de leur esprit. Ai-je réussi jusqu'à présent auprès de vous, cher lecteur, je le souhaite plus que je ne l'espère.

Toute histoire a ses aridités. Même dans les plus beaux pays, une grande route ou un chemin de fer, pour peu qu'ils soient de quelque longueur, ne traversent pas toujours de riantes prairies ou de belles forêts; il y a des landes et des plaines d'un aspect monotone dont il faut bien subir un peu l'ennui. Nous avons, peut-être, traversé déjà quelques plaines et quelques landes de ce genre. Mais nous arrivons, Dieu merci! dans des contrées où ne manquent ni les accidents pittoresques du terrain, ni les surprises agréables au détour de la route.

Déjà, quand nous nous sommes engagés dans ces siècles du moyen âge, qu'on appelle souvent des siècles de barbarie et de ténèbres, nous y avons rencontré plus de lumière que nous n'espérions. D'abord, si la science s'était alors amoindrie, la littérature et surtout la poésie ne sommeillaient pas. Quand l'esprit humain travaille, la plume aussi est agile à le suivre dans son activité. Tous les théologiens de ce temps, tous les orateurs, tous les poètes avaient à leur service des légions de copistes et d'autres ouvriers diversement employés pour la fabrication des livres. Au XIVe siècle, au commencement du XVe (et c'est là une des périodes les plus tristement agitées de nos annales, celle de la fameuse guerre de Cent ans), la France était un des pays, comme on dirait aujourd'hui, les plus producteurs en bons et beaux livres. Calligraphes, enlumineurs, miniaturistes, relieurs et *reliéresses* (le mot est de ce temps), parcheminiers, etc., formaient à Paris des corps d'industrie renommés dans toute l'Europe (102). Le luxe des livres bien écrits, élégamment ornés et reliés, était à la mode chez les étudiants de notre vieille Université. C'était là un luxe coûteux, et l'on cite tel père de famille qui trouvait un peu dur de fournir, en ce genre, aux dépenses de son fils, étudiant au quartier latin. Les grands seigneurs, les princes et quelques-uns de nos rois commençaient à se former ce qu'on appelait alors des *librairies,* c'est-à-dire des bibliothèques. Ce mot, sous la forme *library*, a conservé en Angleterre le sens qu'il avait alors en France. On a le catalogue de deux ou trois de ces anciennes librairies. Celle du roi Charles V s'élevait à près de douze cents volumes, chiffre considérable pour le temps. De ces volumes, quelques-uns existent encore et comptent parmi les trésors les plus précieux de notre grande Bibliothèque nationale, surtout quand ils ont gardé leur vieille reliure avec la signature du roi auquel ils ont appartenu. Beaucoup d'autres, qui n'ont pas cette recommandation particulière, sont signalés pour la beauté du vélin, pour celle de l'écriture et pour les nombreux dessins dont ils sont historiés (103). Tel est, ou plutôt tel était le magnifique *Missel* de Juvénal des Ursins, que notre célèbre imprimeur, Ambroise-Firmin Didot, avait eu le bonheur d'acquérir, qu'il avait cédé, au prix coûtant, à la bibliothèque de la ville de Paris, et qui fut brûlé, en mai 1871, dans les incendies allumés par la Commune. La curieuse description qu'en avait faite M. Didot en 1861, est tout ce qui nous reste aujourd'hui pour en apprécier les splendeurs. Heureusement, d'ailleurs, notre dépôt des manuscrits possède un grand nombre de ces chefs-d'œuvre d'une industrie qui fut surtout française, et qui fait le plus grand honneur à notre pays.

A côté des beaux livres, il ne faut pas oublier les livres de condition plus modeste, mais plus à la portée de la foule des étudiants et des amateurs par leur bas prix. Déjà, dans l'antiquité, vous pensez bien qu'il existait des livres coûteux et des livres à bon marché ; on ne mettait pas aux mains des écoliers des manuscrits de luxe ; il y avait même, de certains auteurs, des éditions si coûteuses que les amateurs trop pauvres pour les acheter allaient seulement les consulter à prix d'argent chez un libraire ; la boutique du libraire ressemblait donc beaucoup en pareil cas à ce que nous appelons un cabinet de lecture (104). Des rouleaux de papyrus qu'on a retrouvés en Égypte peuvent nous donner une idée de cette variété. Parmi ceux qui renferment des discours de l'orateur grec Hypéride, il y en a trois d'une fort belle écriture, où les colonnes se détachent entre de grandes marges. Le papyrus est de belle qualité ; on n'avait rien ménagé pour y rendre la lecture facile ; un quatrième rouleau, celui qui con

tient une oraison funèbre, prononcée en 323 avant
Jésus-Christ par le même orateur, est d'un aspect
tout différent : papyrus grossier, écriture négligée, nombreuses fautes de copie, pages séparées
seulement par un filet d'encre noire ; on dirait le
pensum d'un écolier de Memphis ou d'Alexandrie
à qui l'on avait infligé la tâche de copier deux ou
trois cents lignes de grec pour le punir de quelque
faute (105). La même variété se retrouve parmi les
manuscrits en diverses langues qui nous restent
du moyen âge, et rien n'est plus naturel. Au temps
surtout où nous sommes parvenus dans notre
histoire, les relations du commerce, souvent en-
travées par la guerre, devaient rendre difficiles
l'industrie des libraires et celle des ouvriers à
leur service.

Heureusement, une découverte dont je ne vous
ai pas encore parlé, avait contribué, dès le
xiiie siècle peut-être, certainement au xive, à faire
baisser le prix des livres : c'est celle du papier
de linge ou de chiffon, j'entends de linge ou de
chiffon réduit en pâte, et qu'il faut distinguer
soigneusement du linge employé comme tissu
(*libri lintei*) pour recevoir l'écriture, usage que
j'ai signalé plus haut.

On ne sait pas au juste où s'est produite l'invention du papier de pâte, ni à quel habile

homme il la faut rapporter (106). Mais elle contribua certainement à la diffusion des livres vers la fin du moyen âge; et, plus tard, elle rendit possible la substitution de la presse au travail des copistes, c'est-à-dire l'art de l'imprimerie, dont j'ai maintenant à vous entretenir.

Avez-vous quelquefois songé à tout ce que cet art suppose d'esprit inventif et de pratique ingénieuse? On vous a peut-être donné en cadeau pour vos étrennes un petit appareil d'imprimerie, appareil où la typographie est réduite à ses éléments les plus simples et dégagée de toutes les complications que quatre siècles y ont apportées. Même en sa simplicité, comparez cette presse, qui n'est guère qu'un jouet, à la calligraphie ancienne, aux instruments et aux matériaux dont elle disposait, et vous allez voir avec moi quel fut le génie de Gutenberg, et quelle distance il y avait à franchir, entre les procédés anciens et le procédé nouveau dont il fut l'inventeur.

Pour imprimer une page d'un livre comme ceux que nous manions aujourd'hui, il faut : 1° des caractères gravés ou ciselés dans un métal dur; 2° une encre qui puisse s'attacher aux caractères et, par leur moyen, s'empreindre sur quelque matière propre à la recevoir; 3° cette substance même; 4° un instrument pour étendre l'encre sur les caractères ; 5° un autre instrument pour les presser contre la surface *imprimable*.

Or, de ces cinq éléments, l'industrie ancienne connaissait le premier ; l'idée du second ne lui était pas étrangère, mais elle ne songea pas à les rapprocher des trois autres.

La chose mérite bien que je vous l'explique par le détail.

Il n'y a guère de musée où vous n'ayez vu des cachets en bronze qui servaient à empreindre, soit sur une terre molle, soit même sur un métal plus mou que le bronze, des noms propres, quelquefois ce qu'on appelle aujourd'hui des marques de fabrique. Le Cabinet des médailles, à notre Bibliothèque nationale, possède un saumon de plomb argentifère, provenant de mines exploitées en Espagne par des Romains, un siècle avant l'ère chrétienne ; ce saumon porte, empreints en gros caractères, les noms des deux entrepreneurs de l'exploitation (107). Certaines empreintes sur des vases antiques laissent même soupçonner que le cachet n'était pas d'une seule pièce, mais formé de caractères qu'on appareillait dans un instrument semblable ou analogue à celui que, dans nos ateliers, on nomme un composteur. On voit quelques exemples de ce genre sur des anses de grands vases en terre cuite, provenant de l'ancienne

Grèce (108). Bien plus, vous vous rappelez, sans doute, avoir lu plus haut que des briques babyloniennes, remontant à dix siècles avant notre ère, portent des textes cunéiformes empreints sur la terre, alors molle, à l'aide d'une plaque de bois où ils avaient été ciselés en relief. Le musée du Louvre contient plusieurs de ces briques.

Enfin, la frappe même des monnaies (et vous savez que nous possédons des milliers de monnaies antiques frappées souvent avec une parfaite précision), avait familiarisé les peuples de l'ancien monde avec l'usage de transporter, par la pression, une figure et des caractères alphabétiques d'une matière plus dure sur une matière qui l'était moins.

Quant à la couleur, voici une anecdote bien surprenante par sa date même, car elle remonte à quatre siècles avant Jésus-Christ. Un général grec, au moment de livrer bataille, voulait inspirer confiance à ses troupes en leur montrant quelque sûr présage de succès dans les entrailles des victimes. Il écrit sur la paume de l'une de ses mains le mot NIKA (victoire), et il l'écrit à l'envers : puis, de cette main ayant appuyé sur le foie de la victime, il le fait passer dans l'autre et montre à ses soldats le mot NIKA imprimé et lisible de gauche à droite (109). Si le stratagème réussit, peu nous importe ; mais il nous montre certainement la première idée de l'*impression sur tissus*, qui est devenue l'une des principales industries modernes.

L'idée de caractères en relief et celle d'une matière colorante appelaient l'idée de la substance à colorer. Le papyrus, mince et cassant, comme nous le voyons dans les nombreux spécimens qui nous en sont parvenus, était impropre à cet usage ; il eût offert trop peu de résistance à la main ou à l'instrument avec lesquels on eût pressé les caractères contre la page. Le parchemin avait le défaut contraire. L'encre surtout manquait. L'encre noire, dont l'analyse chimique a constaté la composition sur les plus anciens manuscrits connus, n'était qu'un mélange de noir de fumée avec de l'eau gommée (110) ; elle se serait mal attachée aux caractères qui devaient la transporter sur le papier.

Voyez-vous, maintenant, ce qui restait à faire au génie de Gutenberg et de ses associés pour constituer, ne fût-ce que la petite presse avec laquelle un écolier d'aujourd'hui imprime, en s'amusant, quelques lignes de français ou de latin ?

Même pour un esprit ingénieux, ce qui restait à faire ne fut pas l'œuvre d'un jour : il fallut beaucoup de temps, beaucoup de recherches, beaucoup d'essais coûteux et de tâtonnements.

Bien que fort ancien, peut-être, l'appareillage de caractères métalliques et mobiles ne se présenta pas tout d'abord à l'esprit. On commença par imiter une page d'écriture en taillant la surface d'une plaque ou tablette de bois, de façon à mettre en relief et en sens inverse de l'écriture toute la page à reproduire. A l'aide d'un rouleau on étendit de l'encre noire, composée d'une façon particulière, sur ces caractères, comme on le fait encore aujourd'hui pour la gravure sur bois ; on y appliqua une feuille de papier assez solide et assez souple pour ne pas se déchirer sous l'effort d'une certaine pression. La pression était obtenue au moyen d'un tampon d'abord, puis d'une *presse* à vis, machine assez simple, dont on voit l'image gravée à la première page de quelques livres du XVIe siècle. Ce procédé est celui que, en imprimerie, on appelle *tabellaire ;* il paraît avoir été pratiqué en Flandre, quelques années avant que Gutenberg fondât à Mayence l'établissement d'où sortit la typographie proprement dite. L'art de Gutenberg devait passer bientôt des pages taillées aux caractères mobiles, qui furent d'abord de bois, ensuite de métal (111). Puis, comme il eût été long de les fabriquer un à un, on grava des caractères *poinçons*, en métal très dur, avec lesquels, comme pour la frappe des monnaies, on obtenait en creux, sur un métal moins résistant, la forme de chacune des vingt-quatre lettres de l'alphabet; il ne restait plus qu'à verser dans ce creux, appelé matrice, un métal liquide, pour obtenir à volonté des milliers de caractères, que l'on distribuait dans les compartiments d'une *casse*. Là, le *compositeur* n'avait qu'à les prendre, à les aligner dans le composteur, puis à ranger les lignes en nombre égal pour former des pages. Ces pages rangées, encadrées et serrées elles-mêmes dans deux *formes,* l'une pour le *recto,* l'autre pour le *verso,* étaient mises sous presse, de manière que le papier fût imprimé successivement des deux côtés; la feuille était pliée ensuite en deux, en quatre, en huit, et on obtenait ainsi des cahiers en feuilles in-folio, in-quarto, in-octavo. La *typographie* était créée; mais si la chose existait dès lors, le mot n'entra que beaucoup plus tard dans notre langue. On disait en latin et on imprimait fréquemment *typographus* et *typographia;* mais c'est seulement à partir du XVIIIe siècle que les formes françaises *typographe* et *typographie* furent employées par nos écrivains. Le premier dictionnaire de l'Académie, publié en 1614, ne les contient pas encore dans sa nomenclature. Cette petite remarque valait peut-être la peine d'être consignée ici.

DEUXIÈME PÉRIODE

LE LIVRE DEPUIS L'IMPRIMERIE

CHAPITRE PREMIER

LE PREMIER AGE DE L'IMPRIMERIE.

Révolution produite dans la vie des peuples civilisés par la boussole, la poudre à canon et l'imprimerie. — Fabrication du papier en Chine. — Pourquoi l'imprimerie n'a guère dépassé dans ce pays le procédé tabellaire. — L'invention de Gutenberg subordonnée d'abord à la calligraphie. — Nouveaux caractères typographiques. — Progrès dans l'exécution des livres imprimés. — Publication des anciens manuscrits. — Alde Manuce, Robert et Henri Estienne.

L'imprimerie était née, avons-nous dit dans le chapitre précédent. Cela se passait entre l'an 1440 et l'an 1450 de notre ère.

Deux inventions un peu antérieures étaient appelées à produire d'autres révolutions dans la vie des peuples civilisés. La boussole, qui dirigeait sur mer la marche des navigateurs, rendait possibles les voyages maritimes à grande distance des côtes, à travers l'Océan ; elle préparait des découvertes comme celle de l'Amérique, par Christophe Colomb; et, du côté de l'Orient, elle ouvrait aux navigateurs la route de l'Inde et de la Chine. La poudre à canon, qui fit, dit-on, sa première apparition en Europe à la bataille de Crécy, allait changer le régime des armées, modifier les procédés de défense et d'attaque des places de guerre.

Or, chose remarquable, pour ces trois inventions, l'Europe avait été devancée par un des peuples de l'extrême Orient. Depuis plusieurs siècles, les Chinois connaissaient et appliquaient à la direction des voyageurs la propriété qu'a l'aiguille aimantée de se diriger vers le nord; ils possédaient une poudre explosive, analogue à notre poudre à canon; depuis plusieurs siècles, ils connaissaient et pratiquaient l'*imprimerie*.

Ne soyons pas trop fiers de nos talents et de notre savoir. En bien des choses, les Chinois nous ont précédés; en quelques-unes, ils nous surpassent encore. Leur littérature, prodigieusement féconde, a trouvé de bonne heure les instruments dont elle avait besoin pour multiplier les livres. On a fabriqué en Chine, avec la tige du bambou, avec le chaume du riz, avec plusieurs autres substances végétales, des papiers très différents de grandeur et d'épaisseur; on utilisait même de bonne heure chez eux les vieux papiers pour faire un papier de moindre valeur, comme chez nous cela se pratique encore (112). Sur les feuilles du papier à écrire, le pinceau du copiste traçait des caractères d'une rare élégance : la calligraphie, dans le Céleste Empire, n'est pas seulement le métier de quelques milliers d'artisans ou d'artistes ; c'est un art qui fait partie de l'éducation, à tous ses degrés et dans toutes les classes de la société. Tout lettré, à plus forte raison tout auteur, est en même temps un calligraphe. Découverte on ne sait pas au juste par qui ni à quelle date, mais certainement dès les premiers siècles de notre ère, l'imprimerie, malgré la prédilection des Chinois pour l'art de la calligraphie, n'en fut pas moins bien accueillie de tous les gens qui achetaient ou lisaient des livres, dans le vaste empire dont la population atteignait déjà 300,000,000 d'âmes. Seulement, l'imprimerie y reste encore fidèle au procédé tabellaire, et voici pourquoi. L'écriture chinoise n'est pas alphabétique comme la nôtre ; pour former un mot, les signes élémentaires ou *clefs* se superposent le plus souvent et s'enchevêtrent, au lieu d'être juxtaposés, comme chez nous sont juxtaposés les caractères alphabétiques. Pour reproduire une page de chinois, il est donc plus commode et plus facile de la graver sur bois que d'employer des caractères mobiles. Ce travail de gravure, l'ouvrier chinois l'exécute avec une dextérité, une sûreté de main, une rapidité merveilleuses. Aussi, quoiqu'ils connussent dès le xie siècle l'usage de types mobiles, les Chinois ont toujours préféré le procédé tabellaire, et celui-ci a suffi aux besoins d'une production merveilleusement active. Pour en donner une idée, qu'il me suffise de vous dire qu'on imprime, depuis plus de dix siècles, d'innombrables écrits en tous genres, dans les principales villes de ce pays; que Pékin a sa *Gazette impériale,* comme nous avons notre *Journal officiel,* et que telle encyclopédie chinoise, formée seulement d'extraits d'auteurs divers, s'élève à un millier de volumes.

En Europe, même après avoir passé du procédé tabellaire à l'emploi des caractères mobiles, l'art de l'imprimeur resta longtemps rattaché à celui des copistes. Que voulait-il à ses débuts? Imiter l'écriture des manuscrits, la représenter assez fidèlement, la *contrefaire,* en un mot, assez bien pour qu'un lecteur pût s'y méprendre. Les premiers imprimés furent donc des contrefaçons, et, quoique le secret en fût devenu public, quoique une admiration générale cûtsalué Gutenberg et ses élèves, l'art des copistes n'abdiqua pas devant cette habile concurrence ; il continua de produire de beaux manuscrits, qui trouvèrent des acheteurs. D'ailleurs, l'imprimeur lui-même avait encore besoin, pour achever son œuvre, de la main du calligraphe ; il ne put d'abord reproduire, avec les caractères et la presse, les initiales à l'encre rouge ou bleue, qu'on mettait au commencement des livres et des chapitres. Il pouvait moins encore pourvoir aux arabesques, aux encadrements coloriés des copies écrites avec la plume. Pour tout cela, il avait besoin du calligraphe. Grâce à cette alliance des deux arts, les imprimés, jusqu'à la fin du xvᵉ siècle, gardèrent une physionomie toute semblable à celle des manuscrits ; tirés à petit nombre et lentement amenés à leur forme définitive, ils ne purent que lentement descendre à des prix modérés.

Peu à peu, cependant, l'imprimerie s'affranchit d'une servitude qui entravait la rapidité de ses reproductions. Elle cessa de copier servilement la figure des lettres employées par les copistes. Les caractères d'impression prirent une forme distincte de celle qu'ils avaient dans l'écriture, et les yeux qui lisaient couramment un imprimé, durent, comme cela se voit aujourd'hui, apprendre à lire l'écriture des manuscrits. En même temps, les imprimeurs cessèrent de placer leur signature et la date d'impression au bas de la dernière page de chaque volume ; ils s'habituèrent à les mettre sur une première page, formant à part ce qu'on appelle un *titre*. Bientôt, le titre fut suivi d'une préface, où l'on exposait l'origine du livre, le soin qu'on avait pris pour l'exécuter. De plus en plus occupé par l'exécution matérielle, qui se perfectionnait tous les jours, l'imprimeur dut appeler à son aide un savant de profession, un grammairien, qui fut l'*éditeur*, chargé de choisir les manuscrits les plus corrects, de les livrer aux compositeurs, de corriger les *épreuves*, c'est-à-dire un tirage provisoire où l'on pouvait, par une révision attentive, signaler les fautes commises par les ouvriers, dans le choix et l'arrangement des caractères, fautes que l'imprimeur, à son tour, devait réparer avant le tirage définitif. Le philologue éditeur méritait aussi sa part d'honneur et de profit, dans l'œuvre de l'industrie nouvelle.

Combien furent laborieux ces divers progrès, vous le voyez, et vous admirerez qu'ils aient été rapides. Ils le furent si bien que, dès le temps des Médicis en Italie et de François Ier chez nous, l'imprimerie avait atteint une perfection que, sous bien des rapports, elle n'a pas dépassé de nos jours.

Un évènement considérable, la renaissance des

lettres anciennes, contribua puissamment à cette bienfaisante révolution.

Depuis longtemps, il se produisait dans notre Occident un vif retour de curiosité vers les chefs-d'œuvre de l'antiquité grecque et latine. La prise de Constantinople par les Turcs, en 1453, donna une nouvelle impulsion à cette activité des esprits. En voyant aux mains des infidèles la plus riche des cités grecques, celle qui renfermait les plus grands trésors littéraires, on se sentit plus empressé à recueillir tant de livres, menacés par la barbarie musulmane. Les Grecs réfugiés en Italie et en France excitèrent une pitié générale pour leurs compatriotes, un redoublement de zèle pour leur langue nationale. Ils apportaient avec eux beaucoup de manuscrits; plusieurs d'entre eux, parmi lesquels il faut nommer Jean Lascaris, furent expédiés en Orient, pour en rapporter d'autres. Les princes luttaient d'émulation à qui donnerait asile dans sa bibliothèque à ces trésors littéraires. L'imprimerie se hâta de reproduire les œuvres des classiques grecs qui avaient échappé à tant de désastres. Les classiques latins eux-mêmes, moins négligés et plus souvent reproduits par les copistes occidentaux, n'avaient pas impunément traversé de longs siècles et de nombreuses chances de destruction. Il était temps que l'imprimerie sauvât les épaves de tous ces naufrages. Tel auteur ancien n'existait plus que dans un seul manuscrit, et quelquefois ce manuscrit n'a pas survécu à l'édition qui en a reproduit le texte : c'est ce qui est arrivé pour Velleius Paterculus, l'élégant abréviateur de l'histoire romaine. Aussi les premiers imprimeurs, comme les papes, les princes, les riches particuliers qui encouragèrent leurs travaux, ont-ils droit à notre éternelle reconnaissance pour les services qu'ils ont rendus à l'esprit humain.

Dans le même temps se multipliaient, soit les traductions latines d'ouvrages écrits en grec ou en langues orientales, soit les traductions en langues modernes de tant d'écrits originaux. L'art de commenter, complétant celui de traduire, remit en une plus vive lumière maint écrit des savants et des philosophes de l'antiquité, que longtemps on avait lu sans le bien comprendre. Dans cette nombreuse famille des imprimeurs et des érudits de la renaissance, il y eut des hommes d'un talent supérieur, des caractères héroïques par leur dévouement à la science. Peu de savants sont plus justement illustres qu'Alde Manuce en Italie, que Robert et Henri Estienne en France. Les plus humbles ouvriers, dans ce renouvellement des études, nous touchent par leur naïve ardeur et par leur désintéressement. Par exemple, on ne lit pas sans émotion aujourd'hui, dans le premier manuel publié en France (1507) pour l'étude du grec, le récit des peines et des dépenses qu'il a coûtées à l'éditeur, les ferventes prières qu'il adresse aux étudiants, pour exciter leur zèle et obtenir d'eux les moyens de continuer son œuvre (113). Mainte figure de cette glorieuse histoire a trouvé des peintres dignes d'elle ; notre grand imprimeur Firmin Didot a écrit en connaisseur la vie d'Alde Manuce ; tout récemment un jeune historien, M. Vast, nous a raconté en latin celle de Janus Lascaris, qui fut le pourvoyeur de la bibliothèque des Médicis et de celle de François Ier ; il a écrit aussi avec un curieux détail l'histoire du Grec Bessarion, de ses efforts pour la réunion des deux Églises d'Orient et d'Occident, des travaux plus durables par lesquels Bessarion, devenu cardinal de l'Église romaine, fut le promoteur le plus actif de la renaissance des lettres grecques en Italie. Il nous a fait apprécier l'incomparable richesse de la bibliothèque formée par ce savant homme. Mais le tableau général d'une si mémorable évolution reste à tracer. Le célèbre auteur du *Voyage d'Anacharsis*, l'abbé Barthélemy, s'était proposé de décrire la brillante période durant laquelle, sous l'action de souverains éclairés, l'imprimerie prit son essor, et répandit par milliers les textes encore si rares des auteurs classiques anciens. Souhaitons qu'un autre Barthélemy reprenne un jour, dans son ensemble, un travail dont je ne puis vous signaler que très sommairement toute l'importance et tout l'intérêt. Vous trouverez au moins une statistique bien instructive des produits de l'imprimerie, pendant le premier siècle de son activité toujours croissante, dans les *Recherches sur les bibliothèques anciennes et modernes,* ouvrage publié en 1819 par Petit-Radel. On y peut mesurer, d'après des chiffres qui ont leur éloquence, les grands bienfaits d'un art destiné à seconder si puissamment la marche de la civilisation.

CHAPITRE II

PROGRÈS ET FORTUNES DIVERSES DE L'IMPRIMERIE.

Coup d'œil rétrospectif. — Le merveilleux se mêle à l'histoire de toute grande invention. — Origine prétendue divine des *Runes* chez les peuples scandinaves. — Livres attribués par les Égyptiens au dieu Thot. — Traditions sur l'origine surnaturelle de la langue sanscrite. — L'imprimerie regardée d'abord comme une œuvre de sorcellerie. — La gravure sur bois. — Les graveurs célèbres en ce genre. — Le grand Trésor de la Langue grecque de Henri Estienne. — Autres publications que l'imprimerie seule a rendues possibles. — Les journaux. — Le Bulletin de la campagne d'Italie sous Charles VIII. — Le Mercure français. — La Gazette de France. — La Muse historique de Loret. — La protection des princes n'assure pas toujours la liberté des auteurs.

Les grandes inventions sont volontiers rapportées par la reconnaissance des peuples à quelque cause surnaturelle. Les Grecs attribuent au dieu Apollon, à Mnémosyne, déesse de la Mémoire, et aux Muses ses filles, l'invention de la musique, de l'art des vers et de l'histoire.

A l'autre extrémité de l'Europe, la plus ancienne écriture employée chez les Scandinaves, l'écriture *runique*, est attribuée par eux au dieu Odin, qu'ils considèrent aussi comme le père de leur race. Bien qu'on trouve des centaines d'inscriptions en caractères runiques sur les rochers de la Norvège, de la Suède, du Danemark, et même dans les divers pays où les pirates normands avaient poussé leurs aventures, la valeur de ces caractères s'était de bonne heure perdue, et la superstition leur a plus d'une fois attribué un sens magique (114).

Les Égyptiens rapportaient à leur dieu Thot ou Theut, qui est l'Hermès des Grecs et le Mercure des Latins, l'invention de l'écriture. Ils supposaient que ce mystérieux personnage avait rédigé tout un corps de sciences, les uns disent en 36,525 livres, les autres en 20,000 livres. Un auteur ancien prétend connaître 1,200 ouvrages *hermétiques* sur la seule histoire des dieux. De cette fabuleuse encyclopédie, à vrai dire, il ne restait, au iiie siècle de notre ère, que quarante-deux livres, conservés dans les temples de l'Égypte avec un religieux respect (115). De même, dans leur vénération pour la belle langue des Brahmanes, sœur aînée de la plupart de nos langues européennes, les Indiens racontaient que les règles en avaient été jadis exposées en un million de *sloka* ou distiques, donc en deux millions de vers, par le dieu Brahma ; qu'un autre dieu, Indra, les avait réduits en 100,000 slokas ou 200,000 vers. Un personnage moins fabuleux, le grammairien Panini, avait réduit à 8,000 slokas ou 16,000 vers ce premier abrégé. Un troisième abrégé ramena cette prodigieuse doctrine aux dimensions plus modestes, sous laquelle elle s'est conservée jusqu'à nous (116). Ces chiffres et ces traditions vous donnent une idée de l'admiration des hommes d'autrefois pour les bienfaiteurs de l'humanité.

Quand fut inventée l'imprimerie, le monde avait trop vieilli pour qu'il y eût place chez nous à de pareilles fables. On dit que l'esprit superstitieux de nos ancêtres accueillit d'abord avec défiance les premiers élèves de Gutenberg qui importèrent chez nous leur industrie, en 1470 : l'imprimerie parut une œuvre de sorcier et, à ce titre, elle faillit être condamnée par un arrêt formel du Parlement ; il fallut que le bon sens du roi Louis XI en assurât, en protégeât l'exercice. Louis XII va plus loin, qui, dans une ordonnance du 9 août 1513, loin de considérer les imprimeurs comme des ministres de Satan, appelle « l'art et science de l'impression une invention plus divine qu'humaine ». Louis XII n'est pas le seul alors qui parle ainsi ; en général, sans divi-niser l'inventeur, comme l'eût fait l'antiquité païenne, on célèbre sur tous les tons, en vers comme en prose, la merveille due à son génie. Ce n'était que justice ; vous l'allez voir par les progrès qui ont suivi, et dont j'ai maintenant à vous entretenir.

A l'imprimerie se rattache la gravure. Celle-ci, à vrai dire, l'a précédée de quelques années ; car ces tablettes de bois, sur lesquelles on détachait une page de caractères et de figures pour les noircir d'encre et en obtenir une empreinte sur le papier, sont de véritables planches gravées, d'où est venu le nom de *xylographie* (impression sur bois). Or, il paraît certain que cette industrie existait en Hollande dès le commencement du xve siècle. Laurent Coster imprimait à Harlem (1430), des images accompagnées de légendes, vingt ans environ avant Gutenberg et ses deux associés. Bientôt, on pratiqua l'*entaille* sur plaque de métal. Ces entailles délicates et peu profondes servirent à des reproductions de dessins à l'*en-taille douce*, expression que nous avons altérée depuis, en divisant le premier mot : de là, ce qu'on appelle aujourd'hui l'*imprimerie en taille-douce*. La gravure et la typographie s'unirent naturellement pour exécuter des livres à figures.

Ainsi les ouvrages, jadis *historiés* par la main des scribes et des dessinateurs, le furent par la main des graveurs et celle des imprimeurs ; ainsi se répandit l'usage de *marques,* qui étaient comme la signature des typographes, de *fleurons,* de *frontispices,* puis de toutes sortes de dessins qui, soit sur des pages distinctes, soit dans le corps même d'une page, servaient à éclairer le texte et en doublaient l'utilité, surtout dans les traités de mathématiques ou d'histoire naturelle, et dans les ouvrages relatifs aux divers arts du dessin. Là, comme en toute chose, les premiers essais furent grossiers et un peu naïfs ; puis l'exécution se perfectionna et, dès le xvie siècle, elle ne fut pas indigne des grands artistes, architectes, sculpteurs et peintres, dont le nom est illustré par tant de chefs-d'œuvre.

Ici se placent les noms de deux hommes, qui font grand honneur à la France, par les progrès dont l'imprimerie et la gravure leur sont redevables. Geoffroy Tory, qui, comme grammairien et comme imprimeur, introduisit dans notre langue quelques pratiques nouvelles, était né à la fin du xve siècle et mourut vers 1554. Son livre, étrange mais plein de curiosités utiles, *le Champ-Fleury,* parut en 1529. Dans les dernières années de sa vie, l'auteur, depuis longtemps habile dans l'art de la gravure, s'y livra exclusivement, surtout pour *illustrer*, comme on dirait aujourd'hui, par des vignettes, fleurons, lettres ornées, des livres publiés par d'autres imprimeurs (117).

Plus célèbre est l'œuvre de Jean Cousin, dont vous connaissez tous le nom. Sous le modeste et ancien titre d'*imagier*, il montra les talents divers du sculpteur, de l'architecte, du peintre et du graveur; mais, comme graveur surtout, il mérite de vous être signalé ici, et c'est vraiment une des gloires de la France. N'est-il pas intéressant pour vous d'apprendre qu'un homme, qu'on a quelquefois placé à côté de Michel-Ange, avait dessiné et souvent gravé lui-même, presque toujours sans se nommer, les figures d'ouvrages comme ceux dont je vais transcrire les titres :

Livre de perspective; — l'Éloge et le tombeau de Henri II, imprimé chez le célèbre Michel de Vascosan ; — *le Livre des coutumes de Sens; —* et enfin, le *Livre de la Lingerie, enrichi de plusieurs excellents et divers patrons, tant du point coupé que passements, de l'invention de M. Jean Cousin, peintre à Paris* (118).

Cette admirable activité du grand artiste, en tous genres de travaux, ne peut être comparée qu'à celle de son contemporain, le grand philologue et imprimeur Henri Estienne.

La France alors ne donnait pas seule de tels exemples. Pour n'en citer qu'un, hors de nos frontières, l'illustre Holbein ornait de figures, singulièrement appréciées des connaisseurs, une édition de l'*Éloge de la Folie*, par son ami Érasme, et l'*Anatomie* de Vésale (119), sans compter la célèbre série de dessins représentant ce qu'on appelle « la Danse des morts. »

Dès l'origine, le dessin xylographique s'était associé aux œuvres des premiers imprimeurs. Mais les xylographes du xve siècle n'étaient guère que des ouvriers ; au xvie siècle, on voit figurer parmi eux des artistes, et même des artistes de génie.

La gravure elle-même, comme on le voit, s'était fait un rôle distinct et reproduisait, soit des portraits et des tableaux, soit des séries de dessins formant à eux seuls des volumes, comme sont les cartes géographiques et les planches, où l'on représente par centaines les types des médailles et monnaies, les portraits des personnages célèbres, les figures d'anatomie, etc.

Mais l'histoire de la gravure serait, à elle seule, la matière d'un ouvrage que je ne puis pas même esquisser ici (120). Pour revenir, et pour nous borner à l'imprimerie *typographique*, comment songer, sans une profonde reconnaissance envers ses inventeurs, aux nombreux bienfaits que lui doivent les peuples civilisés? Parmi les travaux de la pensée, combien il y en a qu'elle améliorait, combien d'autres que, seule, elle rendait possibles!

Par exemple, jetez les yeux sur un traité ancien de géographie, comme celui de Ptolémée, où la situation des lieux est indiquée par l'intersection des longitudes et des latitudes : vous verrez là des milliers de chiffres, que la main des copistes devait souvent altérer et qui, une fois fixés après juste révision, par l'*assemblage en formes*, ne furent plus sujets, dans le *tirage*, qu'à de rares accidents. Il en est de même pour les livres de géométrie, où les figures sont munies de lettres auxquelles le texte renvoie, et où la moindre erreur dans ces renvois peut rendre une démonstration inintelligible. Les tables astronomiques, les tables de logarithmes, si l'on n'avait que des copistes pour les reproduire, seraient sans cesse altérées par d'innombrables fautes. Les anciens, nous l'avons vu, avaient des *glossaires* et des *lexiques* sans doute, mais qu'on ne saurait comparer, pour la fidélité des reproductions, pour la commodité qu'ils offraient aux lecteurs, avec nos dictionnaires modernes. Le grand *Trésor de la langue grecque*, 4 volumes in-folio, que publiait, en 1572 (sinistre date, qui est celle même de la Saint-Barthélemy), notre immortel philologue et imprimeur Henri Estienne, eût été une œuvre presque impossible avant Gutenberg. Sans remonter si haut, avez-vous quelquefois ouvert la première édition du *Dictionnaire de l'Académie française*, celle qui parut en 1694? Ce sont deux magnifiques volumes in-folio, où tous les mots de notre langue classique ont été rangés par ordre de racines et de dérivés. Le caractère *romain*, le caractère *italique* (dit autrefois caractère de chancellerie, et qui est une invention de l'Italien Alde Manuce), les capitales et les minuscules y alternent de manière à détacher par le plus heureux relief les diverses parties de chaque article. A la fin du premier comme du second volume, une table alphabétique de tous les mots, avec renvoi à la page où ils sont expliqués, facilite les recherches qu'on veut faire dans ce gros recueil. Aucun manuscrit n'aurait pu atteindre, ni surtout garder longtemps, à travers des transcriptions nombreuses, ce degré de précision et de clarté. Pour les livres d'érudition et d'histoire, ces tables ou *index*, comme on les nomme volontiers, étaient presque inconnues à l'antiquité;

elles sont aujourd'hui le complément habituel du texte d'un auteur. Dès la fin du xve siècle, l'usage s'en était établi, et je pourrais vous citer tel *index* d'un gros livre publié par les Alde, qui est une merveille de richesse et d'exactitude (121).

Un autre embarras pour les anciens, surtout pour les historiens, c'était de ne pouvoir guère annoter leurs récits par des renvois au livre et à la page des auteurs dont ils invoquaient le témoignage : cela eût encombré le manuscrit et créé aux copistes bien des difficultés ; on suppléait donc aux notes par des digressions, au moins par des parenthèses, qui nuisent trop souvent à la netteté de l'exposition. Chez nous, l'annotation, soit placée à la marge, soit renvoyée au bas des pages, permet au lecteur savant de se renseigner quand il le veut, et ne cause aucune gêne au simple curieux qui ne cherche que l'intérêt d'une lecture agréable et instructive. De courts sommaires de chaque section du livre, placés aussi en marge (c'est ce que l'on appelle des *manchettes*), des *titres courants* et qui varient en haut des pages selon que change le sujet, sont encore d'une précieuse commodité. Avec les progrès de la civilisation, les livres de tout genre se multiplient à l'infini ; mais, par malheur, les jours ne se sont pas allongés d'une minute, et le plus studieux des hommes a besoin qu'on ménage son temps et ses fatigues. Cicéron écrivait jadis : « Si ma vie était doublée, le temps me manquerait encore pour lire... (devinez quoi!) pour lire les poètes lyriques. » Il y en avait donc beaucoup déjà. Mais que de rejetons n'a pas eus, depuis dix-neuf cents ans, cette seule branche de la poésie, et combien d'autres branches ont été fécondes autour de celle-là ! Que dirait aujourd'hui le grand homme de lettres, l'orateur un peu poète (car il a écrit de fort beaux vers), qu'aurait-il dit, au temps de Louis XIV, s'il avait pu entrer dans la bibliothèque du cardinal Mazarin, dans celle de Colbert, ou dans celle de quelqu'une de nos savantes congrégations, comme les bénédictins dits de Saint-Maur, enfin, dans la bibliothèque du roi, qui commençait alors à dépasser les autres par le nombre et la splendeur de ses richesses (122)? Il y aurait vu, rangés en longues séries, outre les volumes qui restent de ses œuvres et des autres ouvrages échappés au grand naufrage de l'antiquité, cent mille volumes peut-être de science et de littérature moderne, imprimés avec plus ou moins de luxe et de soin, mais bien faits par leur nombre même pour causer quelque embarras à la curiosité la plus laborieuse.

L'imprimerie, en effet, n'a pas seulement facilité, amélioré, transformé la fabrication des livres ; elle a rendu possibles des publications dont nos lointains ancêtres ne pouvaient pas même avoir l'idée. Tels sont les recueils de chroniques, de chartes et de diplômes, les Mémoires des Académies et Sociétés savantes, les grandes compilations historiques, comme l'*Histoire littéraire de la France* et le *Gallia christiana* des bénédictins, les volumineux dictionnaires biographiques, comme ceux de Moréri et de Bayle, etc., autant de recueils dont chacun forme dix, vingt, trente volumes in-quarto ou in-folio, et que certainement aucune armée de copistes ni de calligraphes n'aurait pu produire et mettre en circulation à un assez grand nombre d'exemplaires, pour répondre aux besoins du monde savant.

Une autre nouveauté, que l'imprimerie seule rendait possible, c'étaient les *journaux*, avec la forme, du moins, et l'extension qu'ils prirent dès le xviie siècle.

Les Romains, sous l'Empire, et même dès le temps de la République, avaient eu leur feuille quotidienne d'annonces officielles ; nous en avons parlé plus haut. Mais, si le nom et la chose remontent à une haute antiquité, le journalisme proprement dit est une forme toute particulière et toute nouvelle de la littérature. Il y a loin des

500 ou tout au plus des 1,000 exemplaires, que pouvait distribuer dans le monde le rédacteur en chef des *Actes du peuple romain,* aux gazettes que l'imprimerie a permis de répandre rapidement à des milliers d'exemplaires ! Lors de l'expédition de Charles VIII en Italie, le Bulletin des marches et des victoires de l'armée française, fréquemment transmis à la cour par-delà les Alpes, fut livré à la presse et circula sur des feuillets imprimés en caractères gothiques, feuillets dont quelques exemplaires se conservent encore et ont été récemment réimprimés par M. de la Pilorgerie, sous le titre un peu ambitieux de *Campagne et Bulletin de la Grande Armée d'Italie.* C'étaient là de bien faibles commencements. Le XVIᵉ siècle vit se répandre cet usage des nouvelles à la main, qui paraissaient d'ordinaire à intervalles inégaux. Mais c'est seulement dans la première moitié du XVIIᵉ siècle que s'organisent de véritables offices de publicité, et que sont publiées régulièrement, sous des noms divers, des feuilles mensuelles ou hebdomadaires, puis quotidiennes, annonçant toutes les nouvelles qui pouvaient intéresser le public, sans offenser aucune des autorités de l'État. Telles furent le *Mercure français,* la *Gazette de France* (1631), la *Muse historique* ou *Gazette burlesque* de Loret (celle-ci, chose singu

lière, rédigée en vers et dont la collection ne comprend pas moins de 400,000 vers en 3 volumes in-folio), puis le *Journal des savants* qui se continue encore sous le même titre et qui est ainsi, en son espèce, le doyen de tous ses confrères (123). En peu de temps, on conçoit que ces feuilles de même format, portant le même titre, et quelquefois rattachées l'une à l'autre par la même pagination, deviennent de bien gros livres.

Mais, et ce propos nous amène à le remarquer, une condition de prospérité manque à toute la littérature et quelquefois à la science de ce temps : c'est le régime de la liberté.

Beaucoup de princes aiment les lettrés et les savants, les protègent et les soutiennent; François Ier confère un titre spécial et des privilèges à Robert Estienne, dont il fait son imprimeur. Depuis cette époque, il y a toujours des imprimeurs du roi. Durant quelques années même, leurs presses fonctionnèrent au Louvre, et c'est de là que sortirent un grand nombre de fort beaux livres, entre autres une collection des Annalistes byzantins (124). Ces beaux livres reçoivent souvent de solides et brillantes reliures. Près de la cour des Médicis et des Valois, plus tard près de Henri IV et de ses successeurs, fleurit une école de relieurs singulièrement habiles. Notre

Bibliothèque nationale possède une ample et inappréciable collection de ces riches volumes, où se montrent toutes les délicatesses d'un goût somptueux et raffiné (125). Mais ouvrez ces livres, et, sauf de rares exceptions, vous trouverez, soit en tête, soit à la dernière page, ce qu'on appelle le *privilège du roi,* précédé d'une approbation des censeurs. Si la censure ne fut pas toujours régulièrement organisée, la publication des livres fut néanmoins soumise à une surveillance jalouse ; souvent elle fut exposée à toutes les sévérités des tribunaux, quand l'auteur traitait de matières politiques ou religieuses. En deux mots, ce que nous appelons aujourd'hui la liberté de la presse n'exista, sous l'ancien régime des monarchies européennes, que par intermittences, et ne devint que bien plus tard un droit garanti par les constitutions.

CHAPITRE III

LES LIVRES ANONYMES ET LES PSEUDONYMES.

Les livres supposés dans l'antiquité classique. — Les Oracles sibyllins. — Prétendue correspondance de Sénèque avec saint Paul. — Les Évangiles apocryphes. — La Satire Ménippée. — Les Lettres provinciales. — La comédie des Académistes. — Le Charlatanisme des érudits. — Supercheries littéraires d'Horace Walpole, de Mac-Pherson et de Chatterton. — Pièce faussement attribuée à Shakespeare. — Junius et l'auteur de Waverley. — Exemples contemporains en France. — Dictionnaire des Anonymes et Pseudonymes de Barbier.

Même réduite à un rôle étroit et subordonné, la publicité des journaux avait pour la littérature plus d'un avantage. Elle constatait au jour le jour la date des livres nouveaux et le nom de leurs auteurs ; elle venait en aide à ces derniers pour assurer leur droit de propriété sur les écrits portant leur signature. Ainsi, à peine publié, un livre se trouvait signalé à l'attention de ses futurs lecteurs. D'ailleurs, l'approbation officielle dont il était revêtu en marquait avec précision l'origine, sauf les cas de fraude et de mensonge. C'était là un progrès important et qui mérite quelque attention.

Beaucoup de livres, de tout temps, ont circulé *anonymes*, c'est-à-dire sans nom d'auteur ; beaucoup *pseudonymes*, c'est-à-dire sous des noms supposés. Dans les querelles politiques et religieuses, et même dans les querelles littéraires, souvent l'écrivain d'un libelle aime à cacher son nom, tantôt pour échapper à des poursuites judiciaires, tantôt pour piquer la curiosité du public, que l'anonyme affriande. Dès l'antiquité, on trouve des exemples de ces supercheries qui ne furent pas toujours innocentes. Un célèbre historien, Théopompe, se vit attribuer par la malveillance un pamphlet relatif aux rivalités de Thèbes, d'Athènes et de Lacédémone (126). A tel autre furent attribués, par des faussaires, certains écrits d'ailleurs honnêtes, dont il désavouait la paternité. Presque tous les recueils épistolaires, que nous possédons de l'antiquité grecque, portent des noms supposés : telles sont les prétendues lettres de Thémistocle, le grand général; de Phalaris, le tyran d'Agrigente, des philosophes Diogène et Cratès, du poète comique Ménandre, etc. La correspondance de Cicéron, vraiment admirable à tant d'égards, est aussi la première que l'on puisse dire absolument authentique. Cicéron lui-même en avait préparé la publication avec l'aide de Pomponius Atticus, le plus riche et le plus dévoué de ses amis, qui s'était fait son *éditeur* (127). Après lui, cet exemple fut souvent imité ; mais il ne préserva pas la librairie ancienne de bien des surprises causées par la supercherie. La société chrétienne a connu beaucoup de ces fraudes pieuses, comme on dit, qui mettaient sous l'autorité de noms célèbres des ouvrages d'origine secrète (d'où leur vient le nom d'*apocryphes*) et peu recommandable. Tels sont les recueils d'oracles *sibyllins*, que l'on attribuait aux sibylles ou prophétesses païennes, et qui prédisaient les principaux évènements de l'histoire grecque et romaine, en les rattachant aux prophéties de la Bible. Telle est aussi une fausse correspondance de Sénèque le Philosophe avec l'apôtre saint Paul. Beaucoup d'*Évangiles* apocryphes, beaucoup d'*Actes des Martyrs* renferment des traditions qui, sans être authentiques, méritent qu'on les recueille, comme des témoignages intéressants des mœurs et de l'état des esprits, dans la société chrétienne des premiers siècles de notre ère. Le moyen âge a produit maint ouvrage de ce genre, que l'inexpérience des premiers imprimeurs répandit, sans examen critique, dans les bibliothèques, et dont la fausseté n'a été reconnue que plus tard. Mais il a produit aussi des chroniques, des traités de théologie, des livres de dévotion, que leur auteur n'avait pas signés, tantôt par insouciance, tantôt par humilité. C'est par humilité, sans doute, que l'auteur de l'*Imitation de Jésus-Christ* ne nous a pas livré son nom, et nous reste encore inconnu, malgré les efforts que la critique renouvelle sans cesse pour le découvrir.

Nos faussaires modernes ont trouvé aussi, et fort souvent, des imprimeurs pour complices de leurs fraudes, quelquefois innocentes, quand il s'agissait d'un simple jeu d'esprit, quelquefois dangereuses et coupables, lorsqu'il s'agissait des plus graves intérêts de la religion, de la morale et de l'État. Au temps de la Ligue, parut sous cette forme la *Satyre Ménippée,* qui est restée un des documents de l'histoire et un des monuments de notre littérature. Durant les guerres de la Fronde, Paris et la France presque entière furent inondés de libelles anonymes ou pseudonymes, sortis de presses clandestines; la passion et la haine y débordent et n'y sont que rarement excusées, par l'esprit et l'éloquence, comme chez les auteurs de la *Ménippée.* Sous la main ferme de Louis XIV, devenu vraiment roi après les troubles de sa minorité, la liberté d'écrire, contenue en France avec rigueur, se réfugiait hors des frontières ; la Suisse et surtout la Hollande mirent leurs presses au service des libres écrivains de tous les partis, qui en usèrent largement.

Parmi les œuvres pseudonymes qui trouvèrent moyen de se faire imprimer et de se répandre en France, malgré la censure, il y en a d'illustres et, au premier rang, les *Petites Lettres*, comme on les appela longtemps, les *Lettres à un provincial* ou *Lettres provinciales*, où se cachait, sous le nom de Louis de Montalte, un de nos grands géomètres, un incomparable écrivain, Blaise Pascal ; elles furent, bientôt après leur publication, traduites en latin sous un autre pseudonyme, celui de Pierre Wendrock, par un ami de l'auteur, le théologien et moraliste Nicole.

Il y en a qui firent moins de bruit, mais qui eurent leur moment de popularité, par exemple la *Lettre d'un Bourgeois de Paris* sur le *Cid* de Corneille, agréable opuscule, encore recherché des amateurs, et qui joue un rôle important dans la grande controverse littéraire, suscitée par le plus ancien de nos chefs-d'œuvre dramatiques.

Peu d'années après, les travaux de l'Académie française, alors naissante, étaient tournés en ridicule, dans la comédie ou farce des *Académistes*, qui, après avoir circulé pendant dix ans en copies manuscrites, fut imprimée en 1650, mais sans nom d'auteur ni d'imprimeur, tant on redoutait les hauts protecteurs de Messieurs les Quarante. Les *Académistes* étaient l'œuvre de Saint-Évremond, spirituel gentilhomme normand qui, par insouciance, laissa se répandre beaucoup d'autres de ses écrits, sans en réclamer la propriété.

Au xviiie siècle, il faut citer d'abord Voltaire, celui de nos écrivains qui usa et abusa le plus de l'anonyme et du pseudonyme, tantôt pour se jouer des lecteurs par d'amusantes plaisanteries, tantôt pour échapper aux rigueurs de la police, tout en se livrant aux excès d'une sanglante satire, tour à tour avouant ses fraudes ou s'obstinant à les nier, selon son caprice et selon le besoin des polémiques variées, qui tiennent tant de place dans sa vie.

Voltaire lui-même s'est laissé prendre à une supercherie de ce genre, et cela en matière très grave. Il avait connu, d'après un manuscrit déposé à la Bibliothèque royale, un ouvrage rédigé par un missionnaire, sous le titre d'*Ezour-Veidam,* et dans lequel étaient introduites quelque idées bibliques, en vue de rapprocher le Brachmanisme de la religion chrétienne. Il a cité plusieurs fois, entre autres au chapitre IV de son *Essai sur les Mœurs,* ce livre, qu'il tenait pour l'œuvre d'un ancien sage de l'Inde, antérieur à la conquête de ce pays par Alexandre. Le titre *Ezour-Veidam* n'était autre que l'altération de *Yadjour-Véda*, qui désigne en sanscrit l'un des recueils d'hymnes sacrés des Indiens. La fraude est depuis longtemps découverte, mais elle n'était pas claire encore pour M. de Sainte-Croix, qui publia, en 1778, la traduction française de cet ouvrage apocryphe.

Le pseudonyme n'est quelquefois qu'un anagramme, c'est-à-dire le nom de l'auteur véritable, où l'ordre des lettres a été renversé. C'est ainsi que, sous le nom de *Telliamed* paraissait, en 1748, un ouvrage devenu célèbre, où Benoît *de Maillet* expose le premier, sur l'histoire de notre globe, des idées très neuves et souvent très justes, qui furent combattues par Voltaire, mais approuvées par Buffon, et plus tard par le grand géologue et naturaliste Cuvier. Quelquefois aussi, le pseudonyme est l'anagramme d'un autre pseudonyme. Ainsi Pascal, qui s'était caché sous le nom de *Louis de Montalte* en publiant ses *Lettres à un provincial*, s'est plus tard cité lui-même, dans les *Pensées*, sous le nom de *Salomon de Tultie*, qui n'est que l'anagramme du précédent pseudonyme. Les éditeurs ont longtemps cherché quel pouvait être le mystérieux théologien Salomon de Tultie, et c'est seulement dans sa seconde édition des *Pensées*, en 1866, que M. Ernest Havet a pu constater la solution de cette énigme.

Un des nombreux ennemis de Voltaire, Saint-Hyacinthe, sous le nom du docteur Chrysostome Mathanasius, publiait (1714) en deux petits volumes un ouvrage intitulé le *Chef-d'œuvre d'un Inconnu*, ouvrage qui nous paraît aujourd'hui bien long pour l'objet qu'il se propose : l'auteur a voulu se moquer de l'abus des commentaires, abus trop fréquent chez les érudits de tous les siècles, en commentant mot par mot une chanson de quarante vers ; et il rattache à ses notes des dissertations d'une forme pédantesque qui sont, elles aussi, une parodie des digressions (*excursus*) familières aux éditeurs et interprètes des auteurs anciens. Vers le même temps, un amusant opuscule en latin, intitulé *de Charlataneria eruditorum*, dont mes lecteurs ont à peine besoin que je leur traduise le titre, fut publié sous le nom de Jean Burchard Mencken : le charlatanisme des érudits a, en effet, plus d'une fois mérité les vertes leçons de la satire. Dès l'antiquité, on connaît des pédants qui se sont donné le facile plaisir de répandre dans le public des livres d'histoire, tout farcis de renvois à des auteurs et à des ouvrages qui n'ont jamais existé. Deux opuscules de ce genre portent le nom du célèbre Plutarque, qui certainement n'en est pas l'auteur (128).

Dans l'Europe moderne, les littératures étrangères n'abondent pas moins que la nôtre en apocryphes et en pseudonymes, sur toutes sortes de sujets; il suffira d'en citer quelques exemples.

Pendant la seconde moitié du dernier siècle, l'Angleterre a donné plusieurs exemples de supercheries littéraires, demeurées célèbres à cause du talent déployé par leurs auteurs et du grand succès qu'elles obtinrent. La première est d'Horace Walpole, qui publia, comme traduit d'un auteur italien du XVIe siècle, un roman composé par lui-même et intitulé *le Château d'Otrante*. Le second exemple est celui de ces poésies d'Ossian, barde des légendes héroïques de l'Écosse, dont Mac-Pherson était soi-disant le traducteur, et dont les originaux n'ont jamais pu être produits. Un troisième fut les poèmes, forgés dans la langue du XVe siècle, par Thomas Chatterton, à peine âgé de dix-huit ans, et dont il attribua la paternité à un moine du moyen âge. Une tentative semblable est celle de S. Ireland, qui fabriqua de prétendus autographes de Shakespeare et réussit même, un moment, à faire passer une tragédie de sa façon pour une œuvre du grand poète, récemment découverte. Enfin, en 1796, on vit paraître des *Lettres de Falstaff*, que l'éditeur ou plutôt l'inventeur, James White, mettait sous les auspices de J. Jaland. Cette fois-ci, l'auteur ne prétendait pas abuser le public, mais montrer qu'il avait une bonne part de l'esprit et de l'*humour* du poète qui a créé le type de Falstaff. *Les Lettres politiques de Junius*, imprimées de 1769 à 1772 dans le *Public Advertiser*, sont peut-être le plus mémorable de ces pseudonymes, car on les a successivement attribuées à huit ou dix écrivains, et, malgré le bruit qu'elles firent, leur véritable auteur reste encore inconnu.

Au commencement de ce siècle, l'illustre Walter Scott débuta, sans s'être nommé, par le roman de Waverley, qui eut un tel succès que, pour les romans qui suivirent, il continua de se désigner sur le titre par les mots *l'auteur de Waverley*. Mais *le grand inconnu*, comme on l'appelait alors, fut bientôt découvert, et son nom n'a pas échappé à la gloire qu'il méritait si bien.

Notre temps n'a pas été moins fertile en écrits anonymes ou pseudonymes. Tel de nos écrivains les plus célèbres et les plus féconds (je pense, vous le devinez, à l'auteur de la *Petite Fadette* et de *François le Champi,* à George Sand) n'a pas publié un seul volume sous son propre nom.

9.

L'anonyme couvre encore bien d'autres romanciers, parmi lesquels on me permettra de citer l'aimable moraliste, P.-J. Stahl (M. Hetzel), à qui la jeunesse est reconnaissante de ce qu'il fait depuis tant d'années, pour l'instruire en l'amusant.

Les bibliographes ont fort affaire avec tous ces déguisements ; encore ne vous ai-je pas parlé des livres signés de simples initiales, et sur le titre desquels il n'est pas toujours facile de restituer le nom complet des auteurs.

Vous jugerez de ces difficultés, si vous en êtes curieux, en ouvrant le *Dictionnaire des Anonymes et Pseudonymes* du savant bibliothécaire Barbier, qui forme, pour la France seulement, quatre gros volumes, qu'il a fallu bientôt augmenter d'un cinquième, ce qui n'empêche pas qu'on en ait commencé une seconde édition, plus complète que la première.

CHAPITRE IV

DIFFUSION DE LA LIBRAIRIE.

Diffusion de l'imprimerie hors de son pays d'origine. — Propagation des livres dans les Indes anglaises. — Introduction de l'imprimerie à Constantinople. — Une librairie à Gondar, en Abyssinie. — L'activité intellectuelle et les écoles publiques en Australie. — Aperçu des progrès récents de l'imprimerie. — Témoignage d'Ambroise-Firmin Didot.

C'est surtout en France que nous avons suivi les progrès de l'art merveilleux inventé sur nos frontières par Gutenberg et ses associés. Il serait fort intéressant d'étendre une telle étude aux autres pays. Plusieurs villes ont soigneusement gardé la date du premier livre qu'elles ont eu l'honneur d'imprimer. Naguère encore, Londres célébrait l'anniversaire de la fondation de sa première imprimerie. Le jour même où j'écris ceci (24 mars 1878), le *Journal de Genève* constate le quatrième centenaire du premier livre qui soit sorti des presses genevoises. Ce chapitre de notre histoire contiendrait, si nous pouvions nous y arrêter, maint curieux épisode : ici les résistances de la routine; là, au contraire, une ardeur presque enthousiaste à profiter de l'instrument nouveau que la presse mettait au service de la pensée. Dès le milieu du XVIe siècle, les missionnaires prédicateurs de l'Évangile avaient porté avec eux l'imprimerie dans les Indes, où elle a pris aujourd'hui, sous la domination anglaise, un prodigieux développement, même parmi les musulmans et les Hindous.

Certes, ce n'était pas chose facile d'introduire les usages de notre civilisation dans cette vaste presqu'île où les Anglais comptent plus de deux cents millions de sujets non chrétiens, et cependant cette œuvre de progrès s'accomplit sous nos yeux avec une étonnante rapidité. Les musulmans comme les indigènes se prennent chaque jour d'un goût plus vif pour la diffusion des lumières, telle que nous la comprenons en Europe : ils fondent et entretiennent des écoles, même des écoles de femmes; ils ont des journaux politiques et littéraires; l'imprimerie propage chez eux des traductions de nos livres et même de quelques classiques de l'antiquité. Naguère mourait à Paris un vénérable indianiste, M. Garcin de Tassy, qui, chargé du cours d'hindoustani à l'École des langues orientales vivantes, se faisait un honneur et un devoir d'entretenir avec les lettrés de ce pays une correspondance assidue. Il recevait toutes leurs publications, et chaque année, à l'ouverture de son cours, il présentait à ses auditeurs le tableau et la statistique des littératures rivales, entre lesquelles se partage l'activité des esprits dans l'Hindoustan. Rassemblées aujourd'hui en un volume, ces leçons vous donneront, si vous les parcourez, des notions bien instructives sur la civilisation des peuples soumis à l'empire britannique et chez lesquels la France ne possède plus, hélas! que trois ou quatre comptoirs de commerce.

Quelques pays de notre Europe n'ont pas connu l'imprimerie avant les Indes : le premier livre imprimé en Russie date de 1563. Contraste plus étrange encore! tout près de nous, sur le sol où fleurit autrefois la civilisation hellénique, les musulmans ont longtemps résisté aux exemples de leurs voisins. Croirait-on, si la chose n'était bien attestée, que c'est en 1727 seulement que l'imprimerie fut introduite à Constantinople? Elle resta, jusqu'au commencement de ce siècle, fort restreinte en ses applications, et gênée par la jalousie des Turcs jusque chez leurs sujets hellènes, que sollicitait pourtant un vif désir de s'instruire. Dès l'insurrection de 1821, le secours que les Grecs révoltés reçurent de nous avec le plus de reconnaissance, c'était un matériel d'imprimerie. Le premier envoi de ce genre, dû à la générosité du philhellène Ambroise Firmin-Didot, disparut dans les ravages de la guerre, et il fallut bien du temps pour que Smyrne, Syra, Nauplie et Athènes eussent des ateliers d'imprimerie à peu près capables de suffire aux besoins du commerce indigène.

On s'étonnera moins que l'imprimerie ne fonctionne pas encore dans une contrée même chrétienne, telle que l'Abyssinie. Il y a pourtant là une certaine culture des esprits. Il y a des écoles et des boutiques de libraires, mais quelles boutiques comparées aux nôtres! Un voyageur très digne de foi me décrit à peu près ainsi le magasin du principal libraire de Gondar : une arrière-salle éclairée seulement par la porte d'une autre salle qui donne sur la rue ; dans cette arrière-salle, chaque mur porte scellées par leur base des cornes de vaches ; à chaque corne est suspendu par un cordon un étui contenant un, deux ou tout au plus trois manuscrits ; le total de ces livres offerts en vente n'atteint pas une centaine. Et pourtant nous sommes là bien près des grands foyers de la civilisation des peuples qui entourent le bassin de la Méditerranée. Il faut dire, à la décharge des libraires abyssins, que la littérature qu'ils desservent est pauvre et peu originale. Ce que l'on en connaît ne dépasse guère le chiffre de 300 volumes (129).

A l'Occident, la découverte de l'Amérique ouvrit de bonne heure à nos imprimeurs une clientèle qui s'est rapidement accrue, et bientôt ils ont trouvé des rivaux, surtout dans les colonies anglaises de l'Amérique du Nord, devenues la puissante république des États-Unis ; mais là ne s'est pas arrêtée l'activité envahissante du génie anglais. Les côtes de l'Australie, où n'existaient, il y a cinquante ans, que des colonies pénitentiaires de malfaiteurs, sont devenues le siège d'une population libre, aussi puissante que nombreuse, au milieu de laquelle fleurissent des centaines d'écoles, des universités, des journaux de tout genre. Les humanités classiques elles-mêmes y sont représentées par des hellénistes et des latinistes, élèves et déjà rivaux de leurs maîtres européens.

Mais les faits que je vous ai cités anticipent sur la dernière période de cette histoire, sur celle qui commence avec la Révolution française et qui s'étend jusqu'à l'âge, déjà si avancé, de notre siècle, où, grâce à mainte invention nouvelle, la production des livres dépasse tout ce qu'aurait pu prévoir, chez nos ancêtres, l'imagination la plus hardie.

Écoutez là-dessus ce que m'écrivait, en 1846, notre savant imprimeur et libraire Ambroise-Firmin Didot, à propos d'un petit mémoire que j'avais composé sur le prix du papier chez les anciens. Ce mémoire signalait comme trois époques mémorables dans l'histoire de l'esprit humain : l'invention de l'écriture, celle du papier, et celle de l'imprimerie. « J'oserais affirmer, dit, en partant de là, M. Didot, que de nos jours, nous assistons à une quatrième phase non moins positive. En effet, l'invention de la machine à imprimer due à Kœnig; celle de la machine à papier continu (dite machine Didot) du nom de l'un de mes parents qui en est l'inventeur; celle du stéréotypage due à mon père, etc., constituent une nouvelle phase non moins prodigieuse que les autres. Il y a aussi loin pour la rapidité et la multiplicité des produits, entre l'état actuel de la typographie et ce qu'elle était, je ne dirai pas au temps de Gutenberg, mais au temps des Alde et des Estienne, qu'il y avait de différence alors entre leurs produits et ceux des scribes.

« Pour n'en citer qu'un seul exemple, chaque jour, depuis quinze ans, nous avons imprimé pour notre part la valeur de deux mille à deux mille cinq cents volumes in-8° par jour, et, à notre papeterie, d'où je vous écris (Sorel, près Dreux, département de l'Eure), nous fabriquons chaque jour une feuille de papier de 1 mètre et demi de large sur 20 kilomètres de long. »

Ces rapides et déjà bien saisissantes indications veulent être complétées. Ce sera le sujet du prochain chapitre.

CHAPITRE V

LES NOUVEAUX PROGRÈS DE L'IMPRIMERIE
ET DE LA LIBRAIRIE.

Réflexions sur les instruments de l'écriture. — La plume métallique. — La calligraphie moderne. — Les notes tironiennes et la sténographie. — La sténographie en Angleterre, puis en France. — Lisons-nous les discours des orateurs grecs et romains tels qu'ils ont été prononcés? — La Milonienne de Cicéron. — Le télégraphe électrique et le langage télégraphique. — Besoins nouveaux de l'imprimerie. — Avantages et inconvénients de la fabrication mécanique du papier. — Regrets des bibliophiles.

On peut dire que, depuis un siècle, l'outillage (vous me permettrez cette expression familière) de l'esprit humain s'est transformé à tous les degrés et dans tous les sens.

La plume d'oie et peut-être la plume de corbeau avaient, dès les premiers temps du moyen âge, remplacé le *calame* ou roseau des anciens scribes. Au xviie siècle, nous trouvons mentionné, chez les religieuses de Port-Royal, l'usage de plumes métalliques (130). Cette invention, comme tant d'autres qui semblent d'abord sommeiller sans produire leur juste effet, ne s'est développée que de nos jours, vous savez tous jusqu'à quelle variété de formes. La plume de métal n'a peut-être pas perfectionné l'écriture (et à cet égard je ne serais que trop enclin à lui faire son procès), mais il est certain qu'elle économise le temps de tous ceux qui écrivent, puisqu'ils la reçoivent toute fendue et taillée des mains du fabricant. D'ailleurs, il faut bien avouer que l'écriture a perdu beaucoup de son importance, depuis l'invention de l'imprimerie. Quelques fonctions encore, dans l'administration publique ou privée, exigent la main d'habiles calligraphes; ainsi, les registres des administrations, l'expédition officielle d'un traité de paix, d'un texte de loi et les autres documents authentiques doivent naturellement être écrits d'une manière lisible et même agréable à l'œil. Une circulaire grecque sur papyrus, du temps des Ptolémées, recommande à MM. les employés de la chancellerie ptolémaïque « d'écrire distinctement », et cette recommandation est quelquefois renouvelée aujourd'hui dans nos ministères (131). Le ministère des affaires étrangères a surtout besoin de calligraphes experts. Dans leurs relations entre elles, les chancelleries se doivent l'une à l'autre ce genre d'égards qui consiste à ne correspondre qu'avec une écriture soignée; et même le texte des conventions internationales, naturellement destiné à rester en dépôt dans des archives, est ordinairement exécuté avec un véritable luxe : c'est là comme le dernier refuge de la grande calligraphie. Dans l'ordinaire de la vie, et surtout pour la correspondance familière ou commerciale, la bonne qualité de l'écriture n'est pas non plus chose indifférente. Mais tout manuscrit dont le texte n'arrivera au public que sous la forme d'un imprimé n'a pas besoin d'avoir été calligraphié par l'auteur ou par un copiste.

Une autre économie de temps et de peine nous est assurée par la diffusion des procédés sténographiques ou d'écriture abréviative. Là encore se produit une étrange inégalité entre les peuples. Les *notes tironiennes*, véritable sténographie, dont je vous ai plus haut raconté les origines, étaient régulièrement employées dans les chancelleries du moyen âge. On dirait qu'elles furent oubliées chez nous depuis la renaissance des lettres. C'est en Angleterre qu'on les voit reparaître dès le commencement du XVIIe siècle, et, pour en citer un exemple notable, un sténographe recueillait le discours que prononça, sur l'échafaud même, l'infortuné roi Charles Ier, à côté du billot sur lequel il allait poser sa tête. Depuis ce temps, les Anglais n'ont cessé de pratiquer l'écriture sténographique, pour recueillir, dans les assemblées, la parole de leurs orateurs ; mais, chez nous, les *logographes* au service de nos assemblées révolutionnaires n'étaient pas encore, m'assure-t-on (132), des sténographes. Ces derniers n'ont commencé à fonctionner, dans nos tribunaux et dans nos assemblées délibérantes, qu'en 1816 ou 1817.

En tout cas et quelque nom qu'ils portent, les sténographes ont un rôle de grande importance chez les nations libres ; on peut dire que leur art est un des rouages essentiels du gouvernement parlementaire. C'est grâce à eux qu'en quelques jours, même avant les communications électriques, et en quelques heures aujourd'hui, un peuple peut être tenu au courant des délibérations de ses représentants, et cela même quand ses délibérations ne seraient pas publiques. Un Français, entrant un jour dans la salle des Communes en Angleterre, s'étonnait de n'y voir que les députés, point de tribunes pour des auditeurs du dehors ; le député auquel il exprimait cet étonnement lui montra dans une loge les sténographes occupés à recueillir tout ce qui se disait dans l'Assemblée. « Demain, ajouta-t-il, grâce à ces hommes-là, l'Angleterre saura tout ce que nous avons dit, tout ce que nous avons fait pour ses intérêts et pour son honneur. » Chargée ainsi de reproduire la parole dans toutes les occasions où elle s'exerce en public, la sténographie assure à l'histoire une foule de documents précieux qui, sans cela, lui auraient échappé. L'improvisation oratoire, saisie au passage avec ses beautés d'éloquence, avec ses négligences presque inévitables de langage, est reproduite dans les feuilles quotidiennes, d'où elle passe plus ou moins corrigée dans les recueils qu'un orateur public de ses discours. L'historien trouve là des matériaux importants. La critique littéraire suit avec curiosité le travail de l'esprit chez un grand orateur; elle aime à voir l'effort que fait la pensée pour se produire au dehors par la parole.

Rien n'est plus intéressant à cet égard que de comparer la rédaction ainsi publiée au jour le jour d'après la sténographie, avec les remaniements et les corrections que l'orateur apporte à ses discours, quand il en veut publier un texte en vue de la postérité. C'est une comparaison que nous ne pouvons pas faire pour les orateurs anciens. Quand Démosthène parlait à la tribune, aucun scribe ne recueillait ses paroles, et il ne paraît aujourd'hui devant nous qu'avec toute la

précision d'un style revu à loisir, longtemps après
la séance où son talent oratoire avait brillé. A
Rome, une seule fois peut-être (ce fut au Sénat,
lors de la célèbre délibération sur Catilina et ses
complices), des sténographes furent apostés pour
recueillir les discours d'un Caton, d'un César,
d'un Cicéron (133). Des deux premiers, Salluste
nous a conservé une analyse fort belle sans doute,
mais trop brève et trop correcte pour nous sembler
fidèle ; et quant aux *Catilinaires* de Cicéron,
bien qu'elles respirent l'ardeur de son généreux
patriotisme, on sent très bien qu'il les a refaites
dans le silence du cabinet avec l'attention et la
conscience d'un écrivain consommé.

Une anecdote fort connue nous montre mieux
encore la différence de l'improvisation et d'une
composition revue à loisir. Lorsque Cicéron dé-
fendait son ami Milon accusé du meurtre de
Clodius, il fut un peu intimidé par l'appareil
militaire dont on avait ce jour-là entouré le tribunal, et sa parole, on le sait, se ressentit beaucoup de son émotion ; mais on ne trouve pas trace
de ces défaillances dans le discours *pour Milon*
tel qu'il nous est parvenu ; aussi l'on racontait
que Milon, condamné malgré les efforts de son dé-
fenseur, ayant reçu dans son exil un exemplaire
du discours rédigé par celui-ci après l'audience,

lui écrivait avec une amicale ironie : « Si tu m'avais si bien défendu devant le tribunal, je ne mangerais pas d'aussi bonnes huîtres à Marseille (134). » L'improvisation même de Cicéron avait été recueillie par des sténographes, et elle était encore entre les mains d'Asconius, qui commentait les discours de cet orateur au milieu du premier siècle de l'ère chrétienne.

La sténographie nous rappelle un autre procédé qui n'est pas sans rapport avec l'imprimerie elle-même, je veux parler du télégraphe et surtout du télégraphe électrique seul en usage aujourd'hui.

Le télégraphe électrique peut au besoin transmettre des pages entières d'écriture, mais ce genre de transmission est fort coûteux : il faut compter les mots quand chaque mot de plus ajoute à la dépense dans un télégramme. Quiconque écrit une dépêche s'efforce donc de la réduire au nombre des mots strictement nécessaires pour exprimer sa pensée. Il s'est formé ainsi une sorte de grammaire abrégée à l'usage de ce genre de commerce épistolaire ; le style télégraphique n'est pas toujours le plus clair du monde, non seulement à cause de son excessive brièveté, mais parce qu'il se passe le plus souvent de ponctuation ; or, la ponctuation a toujours été et elle est plus que jamais nécessaire à la clarté du langage écrit (135). Voilà encore un progrès de l'industrie qui n'a pas été sans inconvénient pour l'expression de nos idées.

La fabrication du papier a subi, elle aussi, bien des changements. Une fois admis le principe élémentaire d'une pâte liquide pour faire du papier, on devait penser et on a pensé à maintes substances pour composer cette pâte. Dès 1765, je vois mentionné, dans les bibliographies, un livre singulier à cet égard et que publiait à Ratisbonne l'imprimeur Schaffer ; chaque feuillet est imprimé sur un papier de matière différente : coton, mousse, bois d'essences diverses, sarments de vigne, paille, jonc, côtes de choux, etc., etc. L'industrie de notre temps a fait un choix dans ce luxe de variétés. Elle emploie, pour obtenir de la pâte à papier, bien des substances végétales associées en des proportions diverses ; mais elle garde ses préférences pour le chiffon, qui permet d'obtenir les produits les plus beaux et les plus solides (136). D'ailleurs, le besoin d'une production abondante, la facilité avec laquelle se renouvellent les livres à mesure qu'ils périssent, rendent les consommateurs moins exigeants sur la solidité du papier. Au temps des Alde Manuce et des Estienne, les tirages avaient lieu à petit nombre d'exemplaires, et voilà pourquoi tant de livres de cette période sont maintenant d'une extrême rareté. Aujourd'hui, les tirages atteignent des chiffres qui auraient effrayé l'imagination de nos pères, et que seuls ont rendus possibles les perfectionnements récents de la typographie.

Ces perfectionnements sont de deux genres : les uns, dans la fabrication et l'emploi des caractères; les autres, dans le mécanisme des presses.

Mais les vrais amateurs ne se résignent pas volontiers à tous ces progrès, qui ne sont pas sans quelque détriment pour la solide beauté des livres; non seulement la matière principale du papier est moins bonne qu'autrefois, mais elle est encore altérée par le mélange de substances minérales qui le rendent moins durable. Certains livres du temps des Alde et des Estienne ont, après quatre siècles, gardé toute leur fraîcheur, tandis qu'aujourd'hui, dans des volumes qui n'ont pas cinquante ans de date, le papier se couvre de taches, se décompose et se déchire sous le moindre effort. Pour obtenir un papier aussi durable que beau en vue de quelque publication d'élite, il faut consentir à le payer fort cher, et les fabricants, sans cesse excités par une concurrence fiévreuse à baisser les prix de leurs produits, ne fournissent plus que par exception aux imprimeurs des papiers dignes de rivaliser avec ceux que produisaient leurs confrères d'autrefois.

CHAPITRE VI

LES DERNIERS PROGRÈS DE L'IMPRIMERIE ET DE LA LIBRAIRIE.

Stéréotypie d'eHrhan perfectionnée par Didot. — Les clichés. — La vapeur appliquée à l'imprimerie. — Lenteurs de certains peuples, tels que les Chinois et les Japonais, à suivre ces innovations. — Exemples contraires. — Progrès de l'imprimerie dans l'Hindoustan. — Les périodiques mensuels et hebdomadaires à la Bibliothèque nationale. — Extension des rapports entre les peuples par la télégraphie. — La presse à Honolulu. — Influence croissante du journalisme en France. — Les Revues. — Les Essayistes. — Les romanciers. — Difficultés nouvelles pour les bibliographes et les bibliothécaires.

Dès la fin du xviiiᵉ siècle, Herhan avait imaginé d'employer, pour la composition, des types creux au lieu de types en relief; en appliquant sur une page ainsi composée une plaque de métal et en la soumettant à une forte pression, on obtenait en relief, et en une seule pièce, la page entière, qui pouvait, mise sous la presse, suffire à un tirage nombreux : c'était, comme on le voit, une sorte de retour à l'imprimerie tabellaire ou xylographique du xvᵉ siècle. Beaucoup de livres ont été imprimés à l'aide de ce procédé, dont l'auteur s'était assuré le privilège.

Peu de temps après, Didot employa de simples caractères en relief, fondus en une matière très dure, dont il prit l'empreinte en creux sur un alliage qui refroidissait lentement et qui, jusqu'à son parfait refroidissement, restait malléable; cette plaque de métal une fois durcie servait de matrice, et l'on y versait un métal en fusion, qui rendait en relief toute la composition de la page formée avec des caractères mobiles. Aujourd'hui, à la plaque de métal mou, on a substitué d'abord l'emploi de plâtre fin, puis le carton-pâte. La page obtenue ainsi s'appelle un *cliché*, et le procédé du clichage permet de livrer à la presse des pages pouvant supporter un tirage de quarante ou même cinquante mille exemplaires, sans autre chance d'altération que des froissements ou des fractures accidentelles.

Vous remarquerez que les pages ainsi clichées, n'ayant plus que l'épaisseur de quelques millimètres, tiennent, relativement, peu de place dans les magasins où on les conserve. Il en résulte un double avantage : les caractères mobiles qui ont servi à la première composition sont rendus disponibles pour la composition d'un autre ouvrage,

10.

et les clichés peuvent attendre, sans trop d'encombrement pour l'imprimeur, le moment où, un premier tirage étant écoulé, on a besoin d'en faire un autre. Aussi est-il peu d'ouvrages destinés à une grande publicité, qui soient aujourd'hui tirés sur caractères mobiles (137).

A son tour, la presse elle-même participe aux bienfaits que la mécanique appliquée à l'industrie répand dans presque toutes les branches de nos arts manuels. Aux bras de l'homme est substituée la force de la vapeur; et grâce au commode procédé du clichage, qui peut, en quelques heures, doubler, tripler, quadrupler la composition faite en caractères mobiles, la presse mécanique à vapeur réalise le prodige de tirer, en une seule nuit, cinquante, cent et jusqu'à cinq cent mille exemplaires d'un journal quotidien.

A une typographie si prodigieusement rapide, on devine qu'il faut des papeteries qui ne le soient pas moins, et, en effet, voici quelques chiffres qui prouvent que l'usine à papier, soit mue par l'eau (moteur hydraulique), soit mue par la vapeur, atteint, elle aussi, à une puissance extraordinaire. La seule papeterie de Sorel (Eure-et-Loir) arrive, aujourd'hui, à produire une moyenne de sept à huit mille kilomètres de papier par jour, soit deux millions cinq cent mille kilomètres par an. Les machines y tournent à raison de vingt mètres de papier par minute, soit vingt-huit mille huit cents mètres par vingt-quatre heures. Or, la terre ayant, sous notre latitude, six mille trois cent soixante-dix lieues de tour, ou vingt-cinq mille quatre cent quatre-vingts kilomètres, avec trois machines de cette force, on pourrait, en moins de dix mois, entourer le globe terrestre d'une bande de papier continu mesurant un mètre et demi de large. Et cela n'est pas de trop pour suffire à tous les besoins de la typographie, surtout pour le service des feuilles quotidiennes. Déjà nos journaux français, et surtout le *Journal officiel*, représentent, au bout de chaque année, une masse énorme de papier imprimé. Mais, en Angleterre et en Amérique, certaines feuilles, comme le *Times*, le *Daily Telegraph*, le *New York Herald*, etc., servent chaque jour à leurs abonnés la valeur moyenne d'un volume in-8°. A chacun de ces journaux, il faut que coopèrent une centaine d'ouvriers. En dehors même des feuilles quotidiennes, certaines imprimeries arrivent à produire journellement la valeur de plusieurs centaines de volumes. M. Didot nous indiquait plus haut, pour sa maison, en 1846, le chiffre de deux mille à deux mille cinq cents volumes; ce chiffre, trente ans après, atteignait environ cinq mille volumes par vingt-quatre heures de travail. L'Imprimerie nationale, chargée d'une foule d'impressions pour toutes nos administrations publiques, sans compter celles qu'elle exécute pour le compte des particuliers, tient en activité continue soixante-quinze presses à bras et trente-cinq presses à vapeur; la moyenne de sa production est d'environ dix mille volumes par jour de travail.

Quelques-unes de ces impressions, sans être des feuilles quotidiennes, exigent cependant une grande rapidité d'exécution. Tels sont souvent les budgets de nos divers ministères, telle fut en 1872 la nomenclature de toutes les options de nos compatriotes alsaciens et lorrains pour la nationalité française; ce supplément au *Bulletin des Lois* ne contient pas moins de 14,388 pages, qu'il a fallu diviser en dix parties pour qu'il fût possible de les relier. Mais ce qui fait plus d'honneur encore à ces beaux établissements, soit privés, soit publics, c'est de pouvoir exécuter avec une rare perfection des livres d'art et de science qui demandent soit une grande richesse de caractères typographiques, soit l'alliance de la typographie avec les arts accessoires, tels que la lithographie, le photographie et les procédés chaque jour plus subtils et plus heureux qui sont sortis de ces deux dernières inventions. L'Imprimerie nationale possède aujourd'hui les *poinçons* et *matrices* des caractères de 138 alphabets étrangers et 153 *corps* pour le seul alphabet français.

Par conséquent, elle peut imprimer des livres en plus de cent langues, avec les caractères propres à chaque nation. Peu d'imprimeries étrangères (on cite néanmoins celle de Leyde) peuvent rivaliser avec elle à cet égard.

Elle a mis au jour maints chefs-d'œuvre, entre autres une célèbre *collection orientale* contenant plusieurs ouvrages indiens ou persans avec traductions françaises en regard, collection dont la beauté ne saurait être surpassée. Les expositions universelles de Paris (1855-1867-1878), de Londres (1862), de Vienne (1873), de Philadelphie (1876), nous ont donné le spectacle de tout ce que pouvaient produire de plus parfait les ateliers typographiques des grandes nations civilisées, et c'est là certainement une des plus nobles industries où se soit manifestée la puissance du génie humain. Un seul peuple ou plutôt deux peuples, les Chinois et les Japonais, malgré leurs heureuses facultés d'invention, ne semblent pas s'associer aux progrès accomplis par l'industrie européenne, soit sur le sol de l'Europe, soit dans les Indes et en Amérique. L'écriture chez ces deux peuples rend fort difficile, comme nous l'avons vu plus haut, chapitre Ier, page 121, l'emploi de tout autre procédé typographique que le procédé tabellaire; quelque élégance et quelque rapidité qu'y apporte la main de l'ouvrier, l'imprimerie ne peut être aussi prompte dans la production des livres avec ce seul secours qu'avec les multiples engins de notre typographie. L'esprit chinois, d'ailleurs, n'a pas tous les besoins de curiosité auxquels satisfont nos imprimeurs et nos libraires. Dans toute l'étendue du Céleste Empire, on imprime, il est vrai, beaucoup de livres, et la liberté de ce commerce y est absolue, mais on n'y compte encore que quatre feuilles quotidiennes, y compris la *Gazette officielle* de Pékin. En Chine comme au Japon, le service d'une imprimerie est plus simple que dans notre Occident. Un écrivain (il faudrait dire un peintre. car il se sert du pinceau) écrit une page; celle-ci, appliquée sur une planchette de bois qu'un autre artiste évide avec dextérité, reçoit l'encre d'imprimerie, et passe sous la très simple machine que manœuvre un ouvrier. Le papier ne reçoit d'ordinaire l'impression que d'un côté : il est trop mince pour qu'on l'imprime sur les deux faces. Mais l'écriture ne se développe pas moins par pages ayant un recto et un verso, car (pour citer un exemple) la page 1 et la page 2 étant imprimées l'une à côté de l'autre, le papier est ensuite plié en offrant pour tranche l'intervalle des deux pages. Ainsi pour les pages 3 et 4, 5 et 6, etc. Le volume se compose donc d'une série de feuillets doubles qui peuvent appartenir à une même bande de papier indéfiniment allongée selon le besoin. Cela donne à un volume chinois l'aspect de ce que nous appelons un paravent. Il faut reconnaître d'ailleurs que, soit en Chine, soit au Japon, ces procédés si simples et si élémentaires atteignent dans la pratique un merveilleux degré d'élégance et de beauté. Comme nos livres européens, maints livres chinois et japonais sont illustrés d'images qui n'augmentent pas notablement les frais de fabrication. La main-d'œuvre est si peu coûteuse en ces pays, où la population surabonde, que la librairie peut facilement servir pour toutes les classes de la société les livres à aussi bas prix, peut-être à plus bas prix encore que chez nous.

Au reste, les deux peuples dont nous parlons sont de plus en plus frappés des avantages que présentent l'écriture et l'imprimerie alphabétiques, et ils ont déjà fait plus d'un effort pour se les approprier. Mais notre imprimerie s'acclimate beaucoup plus vite dans les pays où l'écriture ne lui a pas offert les mêmes obstacles. L'Hindoustan possède de nombreuses imprimeries à l'usage des musulmans et des Hindous comme des Européens. Il s'y publie des centaines de journaux.

En France, en Angleterre, en Allemagne, aux États-Unis, c'est par milliers qu'il faut compter les feuilles quotidiennes. Paris à lui seul possède plus de trente publications journalières ou hebdomadaires de médecine et de chirurgie. Outre le *Journal de la Librairie*, on y peut lire quatre recueils consacrés aux travaux de la typographie. Le nombre des périodiques mensuels, hebdomadaires, journaux et autres, que reçoit régulièrement notre Bibliothèque nationale s'élève au moins à 3,000. La facilité des transports par la vapeur a excité dans les esprits un besoin plus vif des nouvelles de chaque jour, et la presse redouble d'efforts pour y satisfaire.

La télégraphie est venue augmenter ces moyens déjà si merveilleux de communications. Aérienne d'abord pendant plus d'un demi-siècle, électrique depuis vingt-cinq ans, elle permet aux nouvelles de faire en quelques heures le tour du globe. Il y a dix ans, le directeur des télégraphes ottomans se trouvant à Londres, le directeur du même service en Angleterre lui fit la courtoisie d'adresser télégraphiquement une question aux autorités anglaises de Calcutta; la réponse ne se fit pas attendre. Neuf heures avaient suffi pour les deux opérations. Voilà comment aujourd'hui l'histoire peut être écrite, pour ainsi dire, heure par heure et sous la dictée même des évènements. Les feuilles quotidiennes, tenues au courant de tout ce qui se passe aux quatre coins du monde par les télégrammes, par les lettres de leurs correspondants, par la reproduction sténographique des débats de tous les tribunaux, de toutes les assemblées politiques, quelquefois des leçons faites dans les Universités, recueillent ainsi et amassent, pour les historiens de profession, des matériaux dont l'abondance même et la variété deviennent pour eux un véritable embarras.

Admirez, sur un exemple pris au hasard entre mille, ce développement de la civilisation, des rapports internationaux et des informations historiques dans les régions les plus éloignées de notre vieille Europe. Il n'y a pas cent ans que l'archipel Hawaïen, où périt en 1779 le célèbre capitaine Cook, a commencé d'être visité par les missionnaires catholiques ou protestants, et il forme aujourd'hui un petit royaume soumis au régime constitutionnel, avec des chambres électives, des ministres responsables, etc. La capitale de ce petit royaume, Honolulu, ville de

6,000 âmes, possède huit feuilles périodiques ; elle envoie régulièrement aux journaux européens les nouvelles de ses élections, de ses changements de ministère, les chiffres du budget annuel de l'État, la statistique des écoles, le détail des progrès qui s'y accomplissent ou qui s'y préparent (138). C'est, si vous le voulez, une Angleterre en miniature, qui vient prendre sa place dans le concert des autres peuples civilisés ; elle aura bientôt, si elle n'a pas déjà, ses historiens, et vous voyez qu'à ces historiens arrivent tous les jours des documents nombreux et variés.

Autre phénomène non moins curieux à observer : non seulement l'imprimerie moderne est devenue le plus actif instrument de la pensée humaine, mais elle a fait naître des fonctions, des professions scientifiques ou littéraires, dont l'antiquité ne pouvait pas même avoir une idée. Le rédacteur du *Journal officiel* de Rome n'était guère qu'un scribe, au service de la chancellerie républicaine ou impériale. Pendant plus de deux siècles, nos journalistes français n'ont guère été que des rédacteurs, plus ou moins spirituels, d'anecdotes et de récits futiles. En Hollande et en Angleterre d'abord, le journaliste prit peu à peu un rôle plus sérieux et plus indépendant. La révolution de 89, en donnant chez nous pleine liberté à sa plume, a fait de lui un acteur, dans tous les drames de notre vie publique. Aujourd'hui, quoique sous un régime de liberté plus tempérée par la sagesse des lois, le rôle du journaliste n'a pas cessé de grandir. Le rédacteur politique d'un journal quotidien est un orateur, qui parle tous les jours avec sa plume à cent mille auditeurs; c'est quelquefois plus qu'un orateur de tribune, par la puissante action qu'il exerce sur l'opinion publique. S'il est doué d'un véritable talent, il peut aspirer non seulement à l'activité des fonctions politiques, mais aux plus hauts honneurs de la littérature. Benjamin Constant et Chateaubriand furent des journalistes; il est vrai que ces deux hommes ont aussi écrit de grands et beaux livres. Mais il y a tel de leurs successeurs, dans la rédaction des feuilles politiques ou littéraires, qui doit toute sa réputation à ce talent de narrateur et de disputeur quotidien. L'Académie française, depuis longtemps, s'est habituée à donner quelques-uns de ses quarante fauteuils à des journalistes éminents; c'est à ce titre qu'y sont entrés MM. de Sacy, Cuvillier-Fleury, John Lemoinne.

Les Revues sont encore un genre nouveau de publication, que l'imprimerie seule a rendu possible. C'est dans les Revues que des critiques anglais de premier ordre ont **créé** l'espèce d'écrits qu'on appelle chez eux des *Essais*, d'où le nom d'*essayistes* pour ceux qui se vouent à ce genre de littérature. Ces recueils périodiques recrutent bien des hommes de talent pour collaborateurs, et tel de ces hommes ne s'est jamais adressé à un autre public que les lecteurs d'une Revue. Dans les limites d'un article de 40, de 50 ou de 100 pages au plus, on peut encore développer très utilement bien des sujets. On peut débiter sous cette forme une série de morceaux qui, presque sans changements, deviendront plus tard les chapitres d'un livre.

Au commencement de ses *Caractères*, La Bruyère a dit : « L'on n'a guère vu, jusqu'à présent, un chef-d'œuvre d'esprit qui soit l'ouvrage de plusieurs : Homère a fait l'*Iliade*, Virgile l'*Énéide*, Tite-Live ses *Décades*, et l'orateur romain ses *Oraisons*. » Le malicieux auteur pensait, dit-on, en écrivant ces lignes, à une gazette littéraire, dont les premiers numéros venaient d'être publiés et lui donnaient peut-être raison. En effet, un recueil hebdomadaire ou quotidien ne peut guère s'appeler par lui-même un chef-d'œuvre. Mais devant le succès de telle Revue, de tel journal de notre temps, La Bruyère eût avoué de bonne grâce que l'alliance de plusieurs beaux et savants esprits peut produire des œuvres durables, et qu'il y a quelquefois entre les divers collaborateurs d'un recueil périodique une certaine unité de talent et de pensée, qui fait de leur œuvre collective un organisme vivant, au même titre que l'œuvre d'un seul homme. Ce n'est pas tout : qui sait s'il n'y avait pas, même du temps de La Bruyère, tel roman qu'il eût été opportun de donner au public, par chapitres séparément imprimés, dans les colonnes d'une feuille quotidienne ou hebdomadaire, comme cela se fait habituellement depuis une quarantaine d'années? J'imagine que les romans de La Calprenède et de Mlle de Scudéry, débités de cette façon à petites doses, auraient gagné un surcroît de saveur. Ce qui est certain, c'est qu'aujourd'hui plusieurs de nos romanciers se servent de ce procédé, pour attirer et pour entretenir la curiosité publique. Leurs romans, pour cela, ne sont pas moins des livres, des livres amusants, pleins quelquefois d'un intérêt tout dramatique. Cette méthode, il est vrai, expose les auteurs à la tentation d'allonger outre mesure leurs récits ; mais, après tout, les romanciers d'autrefois n'étaient pas moins verbeux que ceux de notre temps, témoin les longs romans qui passionnaient les salons sous le règne de Louis XIV ; témoin, dans le siècle suivant, les volumineux récits de Richardson.

Mais faut-il longuement discuter sur un tel sujet? La pensée humaine et surtout l'imagination ont besoin de se produire avec liberté sous toutes les formes, dans des volumes de toutes dimensions. Déjà la variété des livres était immense chez les anciens. Depuis l'*Iliade* ou l'*Odyssée* d'Homère, jusqu'au livret où un grammairien (139) discutait en vingt pages sur le sens d'un seul mot de l'*Iliade*, depuis les 127 livres où Tite-Live avait raconté les annales de Rome, jusqu'au maigre abrégé où Florus les résume en cent pages, que de formes diverses n'ont pas revêtues la poésie et la science! Il faut renoncer à créer, pour des œuvres si différentes l'une de l'autre, des formules et des classifications où elles ne sauraient exactement rentrer. Ce sera un éternel ennui pour nos bibliothécaires, de ne pouvoir classer avec rigueur toutes les richesses confiées à leur garde : qu'ils s'y résignent, car le mal est sans remède.

Ce propos, comme souvent, en appelle un autre. Toute bibliothèque un peu nombreuse, surtout une bibliothèque publique, ne peut se passer d'un catalogue, quelquefois même de deux catalogues, l'un par ordre alphabétique, l'autre par ordre de matières. Le premier n'offre guère d'embarras aux rédacteurs, bien qu'on hésite

quelquefois sur la partie du titre d'un volume
qui doit prendre rang dans l'ordre alphabétique.
L'ordre des matières est tout plein, au contraire,
de difficultés. Les conservateurs de nos grands
dépôts de livres appliquent à cette œuvre tout
leur zèle et leur talent. Quelques libraires savants, comme fut de notre temps M. Merlin,
quand ils sont chargés de la vente d'une bibliothèque considérable, adoptent certaines divisions, qui permettent aux amateurs de chercher
sans trop de peine, dans leurs catalogues, le
chapitre où sont classés les livres qui les inté-
ressent. Mais enfin, combien de chapitres confi-
nent l'un à l'autre, sans qu'on puisse établir entre eux une séparation précise! Tel ouvrage de
théologie ou de philosophie est, en même temps,
un ouvrage d'histoire; telle traduction, si elle
n'est pas accompagnée du texte, se rangera aussi
bien sous le nom du traducteur que sous celui
de l'auteur original; tel volume contient à la
fois la grammaire et le dictionnaire d'une même
langue; faudra-t-il le ranger parmi les grammaires ou parmi les lexiques? Il y a des recueils de
mémoires, des *mélanges,* où sont traités tantôt
par le même écrivain, tantôt par plusieurs, des
matières très diverses. Pour ces derniers recueils,
certaines bibliothèques ont un catalogue supplé-

mentaire, qui renvoie au tome et à la page où chaque sujet est traité. Je ne vous donne là qu'une idée bien sommaire du travail qu'exige un bon catalogue; mais elle suffira, je pense, pour vous faire apprécier le mérite de l'habile homme qui sait, par un tel travail, maintenir l'ordre dans des milliers de livres, et assurer aux esprits laborieux le moyen facile d'y faire des recherches. Le catalogue des seuls livres relatifs à l'Histoire de France formait, dès le siècle dernier, cinq volumes in-folio dans la *Bibliothèque historique de la France* du père Lelong (2ᵉ édition donnée par Fevret de Fontette). Pour le mettre au courant des publications modernes, il a fallu l'étendre jusqu'à onze gros volumes. Vous comprenez par là que de patience et d'art ont dû y déployer les savants chargés d'une telle besogne, dans notre Bibliothèque nationale de Paris. Sachez donc garder une juste reconnaissance à ceux qui vous rendent de si utiles services.

CHAPITRE VII

APERÇUS DIVERS.

Les livres illustrés. — La photographie appliquée à la reproduction des manuscrits. — L'imprimerie appliquée aux œuvres musicales. — Énorme multiplication des livres; ses inconvénients et ses dangers. — La propriété littéraire et le plagiat. — Les emprunts de Molière à Saint-Evremond et à Cyrano de Bergerac. — *Conaxa* et les *Deux Gendres* d'Étienne. — Ce que gagnent les auteurs aux diverses contrefaçons de leurs ouvrages. — Diffusion des langues au moyen des livres. — L'Académie de Berlin à moitié française au XVIIIe siècle. — La langue française à l'étranger. — Ce que deviennent les langues sans littérature. — La propagande des livres religieux, par les missionnaires catholiques et la Société biblique.

Je vous parlais, plus haut, de ces romans dont les scènes, successivement imprimées en feuilletons ou dans les livraisons d'une Revue, sont attendues avec impatience par les lecteurs. Ai-je besoin de rappeler ici une autre séduction, que la presse moderne sait ajouter à ce genre de littérature? Je veux dire ces illustrations à l'aide de gravures sur bois, de gravures à l'eau-forte, de photographies, qui, pour chaque scène d'un roman ou d'une histoire, rendent plus vivants à nos yeux la physionomie des personnages et le lieu où se passe l'action. C'est là comme un complément de clarté pittoresque, qui manquait généralement à ces sortes de livres avant la découverte de l'imprimerie. Les ouvrages scientifiques en ont surtout besoin, et profitent aujourd'hui de toutes les ressources que mettent à leur disposition la photographie et les arts, sortis de cette invention féconde. Comparez les anciens livres d'histoire naturelle avec ceux dont vous vous servez aujourd'hui, même dans vos études élémentaires; quelle différence, pour la justesse et pour la vérité du dessin! Les récits de voyages n'ont guère moins besoin d'un tel secours. On sourit quand on voit, dans les relations de nos anciens voyageurs, les cartes, les dessins de personnages et de monuments, ou les paysages dont ils ont orné leurs livres; ce ne sont souvent que des esquisses grossières où, quand l'artiste a voulu aller plus loin, l'on s'aperçoit que son œil ne l'a pas moins trahi que sa main. Par exemple, en dessinant le croquis d'un monument antique, tel que buste, statue ou temple, il a, sans le vouloir, donné un cachet tout moderne à ces représentations. Je connais une description d'Athènes,

par le P. Babin, publiée en 1674, où le rocher
de l'Acropole, avec les monuments qui le déco-
raient alors, est représenté de manière à nous
rappeler la butte Montmartre et sa vieille église.
L'appareil du photographe n'est pas, lui-même,
je l'avoue, un instrument irréprochable ; il ne
rend pas toujours le juste relief ou les proportions des corps ; mais, entre des mains habiles,
et surtout par la rapidité des images qu'il permet d'obtenir, il est, pour le voyageur géogra-
phe, pour l'antiquaire, pour l'artiste même, un
auxiliaire bien précieux.

Tout récemment, on vient de l'appliquer avec
bonheur à des reproductions intégrales de manuscrits antiques, dont la gravure n'avait jusqu'ici reproduit que de courts spécimens. Et
voici quel avantage pourra offrir, si on le veut,
un pareil procédé, pour l'enrichissement de toutes les grandes bibliothèques. Saint-Pétersbourg,
Paris et Rome possèdent des manuscrits ines-
timables par leur antiquité, par la beauté des
caractères, par l'élégance des peintures qui les
décorent. Presque tous ces manuscrits sont des
exemplaires uniques, chacun dans son genre.
Supposez que Paris donnât l'exemple d'en faire
photographier quelques-uns sur place, puis
d'en envoyer des copies aux bibliothèques de

Rome et de Saint-Pétersbourg ; celles-ci pour-
raient lui rendre le même service ; et ainsi, chacun des grands dépôts de manuscrits, en Europe,
verrait augmenter ses richesses, et offrirait aux
amateurs des sujets d'étude beaucoup plus nombreux. J'ai hâte d'ajouter que cela n'est déjà plus
une supposition, et que l'on procède à ces utiles
échanges internationaux.

Un autre art, dont nous n'avons pas parlé jusqu'ici, ne doit pas moins aux progrès de la typographie : c'est la musique, pour laquelle la gravure en taille-douce fut longtemps en usage. On
y appliqua ensuite la typographie à caractères
mobiles, qui est aujourd'hui presque abandon-
née, comme coûteuse et peu commode. Aux deux
anciens procédés, s'en est depuis peu substitué
un autre, qui porte le nom de son inventeur,
M. Gillot : d'abord écrite sur pierre, puis les
traits en étant creusés au moyen d'un acide, la
notation musicale passe à l'état de cliché, et
peut être ainsi imprimée, d'une façon relativement peu coûteuse, à un très grand nombre
d'exemplaires.

La variété, la multiplicité des moyens, dont
nous disposons aujourd'hui pour répandre, sous
toutes leurs formes, les œuvres de la science, de
la littérature et de l'art, fournissent aux sociétés

modernes de prodigieux moyens de propager à
bon marché l'instruction dans toutes les classes
de citoyens. On ne saurait dire combien s'est
améliorée, à cet égard, la condition de nos écoles. Que l'on compare, dans les bibliothèques des
curieux, quelques-uns des livres où nos ancêtres
apprenaient le grec, le latin, l'histoire et la géographie, avec ceux que mettent à notre service
les librairies scolaires, on prendra presque en
pitié, je ne dirai pas seulement les écoliers du
temps de Ramus et de Henri Estienne, mais ceux
du temps de Rollin (140). Toute notre littérature
classique est devenue abordable aux plus modestes
bourses, et peut-être ne sommes-nous pas encore
le peuple qui, en cela, fasse le plus de prodiges.
La librairie anglaise et la librairie américaine
sont infatigables à répandre, sous forme de livrets
portatifs et peu coûteux, tous les enseignements
politiques, religieux, industriels, qui entretiennent et dirigent l'activité des esprits, chez un
peuple jaloux, entre tous, de ce que les Anglais
appellent le *self-government*. On m'a, naguère,
montré un Shakspeare complet en *un* volume, et
ce Shakspeare, qui est illustré de quelques gravures, se vend, en Angleterre, pour le prix d'un
schelling. Notre librairie n'est pas moins em-
pressée à séduire les lecteurs par le bon marché;

mais est-elle aussi habile, et surtout est-elle assez scrupuleuse, dans le choix des ouvrages qu'elle reproduit à bas prix? De plus, les impressions ou réimpressions, si hâtives et si multiples, sont faites le plus souvent avec négligence. Ce ne sont pas les procédés qui manquent, pour assurer la bonne exécution d'une œuvre, c'est la conscience chez les divers ouvriers qui y concourent. Le public est devenu avide de lectures, mais le plus grand nombre des lecteurs ne veut pas les payer cher. On le sert à souhait pour son impatience, et les livres se ressentent beaucoup de cette hâte fiévreuse. Les milliers de compositeurs occupés dans les journaux apprennent à travailler vite plutôt qu'à bien travailler. L'ancienne corporation des imprimeurs formait plus sévèrement ses apprentis; si elle avait les inconvénients des associations trop jalouses de leurs privilèges, elle en avait aussi les avantages. Les libertés dont jouit la presse moderne ont relâché ces traditions du savoir consciencieux et modeste. Une impression sans défaut a toujours été chose rare; elle ne l'est pas moins aujourd'hui qu'elle ne l'était autrefois. On compte bien peu de livres, où l'œil scrupuleux d'un connaisseur n'ait pas à relever une seule faute d'impression. Après tout, les accidents typographiques ne sont peut-être pas plus nombreux au xixe siècle qu'au xvie, si l'on tient compte de la multiplication des livres.

L'activité croissante des esprits et des industries qui la desservent, font naître de plus graves embarras

Je vous ai parlé, dans un précédent chapitre, de la propriété littéraire et du droit qu'a un auteur de tirer profit de ses livres. Plus les livres se multiplient, plus ils passent rapidement d'un pays dans un autre, plus il devient difficile de conserver à leur auteur les droits utiles qu'il a sur son œuvre. Publiée en France, non seulement elle peut y être réimprimée sans autorisation et au détriment de l'auteur; mais elle pourrait aussi l'être à l'étranger, où les lois n'en protégeraient plus la propriété, si, par des traités spéciaux, les peuples ne se liaient réciproquement pour la garantir. Ce n'est pas tout. Un ouvrage de science ou de littérature, s'il a quelque succès dans son pays d'origine, ne tarde guère à être traduit dans les autres langues, et, pour que la propriété n'en échappe pas à l'auteur, il faut encore que celui-ci fasse consacrer ses droits sur le produit de ses traductions. C'est là l'objet d'une législation qui se complique chaque jour, à mesure que s'étendent les relations entre les peuples civilisés (141). Déjà l'Europe, à cet égard, ne forme guère qu'une seule famille, où tous les auteurs s'accordent assez bien pour se garantir réciproquement le profit légitime de leur science et de leur talent. Mais ces garanties sont moins bien réglées, ou moins efficaces, entre l'Europe et les autres parties du monde. Il y a d'ailleurs certaines œuvres de l'esprit qui souvent échappent, par leur nature même, à tous les efforts et à toutes les subtilités de la loi pour les protéger.

Prenons-en deux exemples, dans les genres les plus différents. Un dictionnaire latin-français a été fait, avec beaucoup de soin, par un bon latiniste ; mais, vingt ans plus tard, un second latiniste, le jugeant imparfait, en rédige un autre, qui contiendra nécessairement et les mêmes mots, à peu d'exceptions près, et, en grande partie, les mêmes explications. Si l'on n'était pas libre de procéder ainsi sans passer pour un plagiaire, tout progrès serait impossible pour les livres de science. Buffon, dans son célèbre Discours de réception (1752) à l'Académie, remarque, avec raison, que les vérités scientifiques, une fois découvertes et démontrées par un homme de génie, entrent dans le domaine public et appartiennent à tout le monde. « Ces choses, dit-il, sont hors de l'homme ; le style est l'homme même. »

Et, par conséquent, c'est une propriété, dont on ne peut dépouiller un écrivain sans sa permission, même en traduisant son œuvre dans une autre langue. D'ailleurs, une œuvre d'imagination ne vaut pas seulement par le style, elle vaut aussi par des mérites de composition dont le premier auteur devrait, à la rigueur, garder par privilège la propriété; et pourtant, il arrive plus d'une fois que, par mainte ruse, on parvient à la lui soustraire. Le plagiat (le mot a signifié d'abord détournement de l'esclave d'autrui, puis de la propriété d'autrui) n'est pas une invention moderne. Déjà au siècle de Périclès, les poètes comiques se reprochent l'un à l'autre ce genre de vol littéraire, qui consiste à prendre soit l'idée principale d'un ouvrage, soit quelque partie que l'on change à peine, pour se l'approprier (142). Plus tard, les docteurs chrétiens ont souvent accusé (bien à tort, il est vrai) Platon et Aristote d'avoir emprunté quelques-uns de leurs dogmes aux livres saints des Hébreux (143). Chez les modernes, rien n'est plus commun que ce genre d'accusation, et bien des fois il est mérité. « Le plus singulier de tous les plagiats, raconte quelque part Voltaire, est peut-être celui du P. Barré, auteur d'une grande *Histoire d'Allemagne,* en dix volumes. On venait d'imprimer l'*Histoire de Char-*

les XII, et il en prit plus de deux cents pages, qu'il inséra dans son ouvrage (144). » Il existe deux histoires du patriarche Photius : l'une par le P. Faucher, l'autre par l'abbé Jager; celle-ci reproduit, quelquefois textuellement, vingt pages de suite empruntées à la première. On pourrait multiplier ces exemples. Chose étrange, s'il y a des plagiaires avec intention, il y a des plagiaires sans le vouloir : tel poète se rencontre, avec un de ses devanciers, dans l'expression d'une belle pensée par un seul vers :

> Par-delà tous les cieux, sa majesté réside,

a dit Voltaire, en parlant de Dieu. A son insu, le vers était déjà dans la *Pucelle* de Chapelain.

De pareilles rencontres sont facilement explicables. Il y en a d'autres plus graves et moins innocentes, dont le signataire d'un livre se trouve quelquefois responsable, pour n'avoir pas toujours travaillé par lui-même, et pour s'être confié sans réserve à la collaboration d'un secrétaire. Tel de nos contemporains, fort honnête homme et de plus grand seigneur, a publié ainsi, sous son propre nom, bien des pages qui appartenaient, sans qu'il s'en doutât, à d'autres que lui.

Il y a des plagiats qui ne sont pas sans excuse.

Molière, dit-on, quoique si riche de son propre fonds, avait pris deux scènes entières, les deux seules qui fussent bonnes, au *Pédant joué* d'un médiocre poète de son temps, Cyrano de Bergerac, et il disait, à ce propos, en plaisantant, qu'il reprenait son bien où il l'avait trouvé. La *Comédie des Académistes,* par Saint-Évremond, qui fut imprimée dès 1650, contient une agréable scène entre Godeau et Colletet, où ces deux écrivains, après s'être comblés d'éloges l'un l'autre, finissent par s'injurier durement : c'est l'idée même du dialogue si amusant de Trissotin et de Vadius dans les *Femmes savantes* (1672); mais il faut avouer qu'en s'emparant de cette idée, Molière se l'est appropriée de la manière la plus originale, avec un surcroît de verve comique, qui fait pâlir les vers de Saint-Évremond.

De nos jours, l'auteur des *Deux Gendres,* M. Étienne, a été convaincu d'avoir imité de trop près une vieille comédie de collège, intitulée *Conaxa.* Cet épisode de notre histoire littéraire (1811-1812) a fourni à M. Sainte-Beuve, le sujet d'un de ses plus charmants *Lundis.* Le même critique signalait un jour au public le singulier personnage du faussaire qui publia dix volumes de mémoires, sous le nom de la marquise de Créqui. Ce prétendu éditeur, dont on ne sait exactement ni le nom ni l'histoire, et qui avait pris le fastueux pseudonyme de comte de Courchamps, avait la singulière fortune d'être convaincu de plagiat quand il se disait l'auteur de tel ou tel roman, et d'être convaincu de fraude quand il affublait ses propres écrits du nom d'un personnage réel, comme l'était la marquise de Créqui (145).

En général, les œuvres dramatiques sont sujettes à ces sortes de contrefaçons, souvent fort innocentes, il faut l'avouer. Une comédie française, si elle passe nos frontières pour reparaître sur des théâtres étrangers, n'y reparaîtra guère sans de nombreux changements, en vue de se conformer au goût de nouveaux auditoires. En pareil cas, y a-t-il plagiat, et l'auteur original doit-il toujours s'en plaindre? Les drames, quand ils réussissent, rapportent, en général, d'assez gros bénéfices à leurs auteurs, pour que ceux-ci ne réclament pas trop scrupuleusement leurs droits de propriété, hors des frontières du pays où l'œuvre s'est produite. Il convient au génie d'être libéral, et de sacrifier un peu de sa fortune pour accroître sa gloire. L'extension de la publicité est, pour toute œuvre solide et saine, un profit qui ne doit pas être compté en écus d'or.

Comme on le voit, si la popularité des œuvres

de l'esprit les expose à plus d'un péril, d'un autre côté, elle contribue à en élargir les bienfaits. En se multipliant, les livres ne propagent pas seulement notre pensée ; ils propagent aussi notre langue. Quand elle prit possession du Canada et de la Louisiane, la France fit de ces deux colonies des pays de langue française ; l'Espagne avait fait du Mexique une Espagne nouvelle ; le Brésil est devenu comme une province littéraire du Portugal ; l'Angleterre, depuis deux siècles, a successivement envahi la plus grande partie de l'Amérique septentrionale, où règne désormais sa langue, qui a presque chassé la nôtre de la Louisiane, et qui en a réduit de moitié le domaine dans le Canada. Maintenant, voici l'Inde livrée aux envahissements de la langue anglaise ; celle-ci y rencontre sans doute des millions de sujets rebelles à l'idiome des conquérants, mais, peu à peu, elle y fait son chemin comme instrument de l'administration militaire et civile, enlaçant d'un solide réseau une population de deux cents millions d'âmes. L'Australie, déjà peuplée de plus d'Européens qu'elle n'eut jamais d'habitants indigènes, est encore un vaste continent, livré aux conquêtes pacifiques de l'Angleterre. Sur toutes les côtes de l'océan Indien et des mers de Chine, l'anglais devient chaque jour de plus en plus la langue du commerce et de la civilisation. Et tout cela s'est fait, non seulement par l'enseignement oral, mais par la diffusion des livres.

Nous étions, il y a cent ans, en possession d'une semblable prépondérance en Europe, et bien près de la voir s'étendre dans le Nouveau-Monde. Dès le moyen âge, la littérature française, originale et féconde, surtout en poésie, avait rayonné du nord au sud, de l'est à l'ouest, presque dans toutes les directions. Nos romans épiques étaient imités ou traduits, dans presque toutes les langues de l'Europe civilisée (146). Un des maîtres de Dante, Brunetto Latini, préférait le français à l'italien pour rédiger l'espèce d'encyclopédie qu'il intitulait *le Trésor*, parce que, dit-il dans son vieux langage, « la parleure en est plus délitable et plus commune à toutes gens. »

Avec la Renaissance des lettres, le français avait conquis une sorte de suprématie morale ; il était devenu la langue commune des relations internationales, la langue diplomatique. Tel peuple qui, depuis, a pris sur nous plus d'une revanche, subissait l'influence de notre génie littéraire, jusqu'à recruter sa propre langue dans la nôtre. Il y eut un moment où la grammaire allemande faillit nous emprunter quelques-uns de nos procédés grammaticaux. L'Académie de Berlin, à ses débuts, était à moitié française ; en 1784, elle mettait au concours une étude sur l'Universalité de notre langue et, deux ans après, elle couronnait le Mémoire d'un de nos plus spirituels compatriotes, de Rivarol, sur ce sujet (147). Jusqu'en 1804, le recueil de ses Mémoires ne contient guère que des morceaux écrits en français. Frédéric II maniait notre langue avec facilité ; il s'en est servi pour ses Mémoires militaires et autres, qui font quelque honneur à notre littérature. Les choses ont bien changé aujourd'hui : on étudie toujours, en Allemagne, nos auteurs classiques ; on les commente, on les annote, à l'usage des gymnases ; on y lit beaucoup aussi nos romans, même les plus futiles, mais tout cela, par esprit de pure curiosité, plus encore que par sympathie pour nous. De ce côté donc, on peut dire que l'expansion du génie français a trouvé sa limite. Nos livres franchissent toujours le Rhin, mais ils n'y font plus de conquêtes. D'autres débouchés, il est vrai, se sont ouverts à notre commerce, d'autres perspectives s'ouvrent aux ambitions de notre langue : l'Algérie est devenue une de nos provinces, où les écoles sont des foyers de culture toute française ; la Cochinchine et la Nouvelle-Calédonie, à des titres divers, nous promettent encore quelque extension d'influence et d'autorité morale. Mais il ne faut pas nous faire d'illusions ; ce sont là des perspectives lointaines et des promesses qui demanderont bien du temps pour se réaliser.

En attendant, n'oublions pas tout ce qui nous reste à faire, dans les limites de la France récemment amoindrie. Des millions de nos compatriotes sont encore étrangers aux lettres et aux sciences, ne parlent que de vulgaires patois, et ne participent que bien faiblement à cette diffusion des lumières, pour laquelle se dépensent tant de patriotiques efforts. Songez-y bien, mes chers lecteurs, et que cette pensée soit comme la morale du récit des vicissitudes que le Livre a traversées durant le cours des siècles. Le Livre a beaucoup fait pour aider les esprits d'élite à élever, à polir, à développer l'intelligence populaire ; il n'a pas achevé, il n'achèvera jamais son œuvre. Chez une petite nation du nord de l'Europe, quelques années ont suffi pour que pas un être humain, sain de corps et d'esprit, n'échappât à l'instruction primaire et n'en tirât un juste profit. Mais la Norvège (c'est d'elle que je vous parle) n'avait guère plus d'un million d'habitants. Plus laborieuses sont les conquêtes qui nous restent à faire, sur le sol d'un pays aussi peuplé qu'est la France. Travaillons-y avec courage, comme à l'accomplissement d'un des plus saints devoirs! Multiplions les livres utiles à la culture de l'esprit et du cœur, afin que leur bienfaisante influence se répande, non seulement dans les villes, mais jusque dans les moindres villages. Si l'unité de langage n'est pas le seul lien du patriotisme, elle en est cependant un des signes les plus sensibles. Tout homme né en France, qui parle et au besoin peut écrire notre langue classique, est nécessairement un bon Français. La communauté des mots consacre celle des sentiments et des idées; elle entretient le dévouement aux intérêts communs de la patrie.

Ces réflexions semblent nous avoir un peu détourné de l'histoire du Livre; mais voyez comme elles nous y ramènent. Une langue qui n'a pas produit de littérature, une langue qui n'a pas de livres, est destinée à périr tôt ou tard. Un jour vient où le peuple qui la parle subit la loi d'une nation plus lettrée, se fond peu à peu avec elle, heureux si quelques mots de son idiome primitif, admis dans la langue du vainqueur, en partagent la prospérité. C'est ce qui arriva pour le gaulois de nos lointains ancêtres. Il fut presque partout opprimé par la conquête romaine; et, dans notre langue presque toute dérivée du latin, il ne figure plus que par une centaine de mots incorporés à son vocabulaire (148). L'Océanie et l'Amérique voient chaque jour disparaître de pauvres peuplades, dont le dernier survivant aura emporté dans la tombe la langue de ses pères. Le savant voyageur Alexandre de Humboldt en cite un exemple touchant. Il visitait les bords de l'Orénoque, et il y recherchait une tribu d'indigènes, les Atures, signalée d'avance à son attention. « Ils sont tous morts, lui dit quelqu'un de la tribu voisine. Mais il y a là-bas un perroquet, qui sait encore quelques mots de leur langue (149). »

Les missionnaires catholiques ont sauvé de l'oubli une centaine de ces obscurs idiomes, en les employant pour traduire l'Évangile ou écrire des catéchismes, à l'usage des peuples qu'ils avaient la noble ambition de civiliser. En Angleterre, une puissante et riche société, dont le nom seul indique l'objet, la Société biblique, fondée en 1804, consacre annuellement cinq millions de francs à faire écrire et imprimer des traductions de la Bible en divers idiomes et dialectes dont le nombre s'élève aujourd'hui à deux cent seize, et dont quelques-uns lui devront de survivre aux peuples qui les ont parlés, et resteront des objets d'étude pour cette classe de savants qu'on appelle aujourd'hui les linguistes.

Vous le voyez, parler sans savoir écrire, et même savoir écrire, si l'on ne sait pas imprimer, n'est plus aujourd'hui, pour un peuple, qu'un médiocre privilège. L'humanité ne se complète que par la pratique des savantes industries qui fixent la pensée, et sont ainsi devenues l'instrument nécessaire de la civilisation.

S'il y a des langues qui disparaissent sans laisser trace ni souvenir, il y en a qu'on appelle langues mortes, uniquement parce qu'on ne les parle plus et qu'elles n'existent plus que dans les livres. Telles sont les langues de l'Égypte ancienne et des anciens peuples de la Perse et de l'Assyrie, dont on déchiffre aujourd'hui avec succès tant de pages sur les monuments et sur les papyrus. Tel est, mais à des titres différents, le sanscrit, idiome des Védas et des vieilles épopées de l'Inde. De ce dernier idiome, une partie se conserve dans les dialectes qui en sont dérivés et dont quelques-uns sont encore parlés dans l'Hindoustan. Tels sont aussi le latin et le grec, que vous apprenez encore dans vos classes et qui méritent de nous occuper ici quelques instants.

Le latin, nous l'avons vu plus haut, associé aux conquêtes de Rome, a opprimé, a fait périr bien des idiomes nationaux dans l'Occident; mais lui-même, il devait s'altérer peu à peu et se transformer dans la bouche des nations vaincues, puis disparaître ainsi de l'usage populaire. L'italien, l'espagnol, le portugais, le roumain des bords du Danube, le roumanche du pays des Grisons, le français enfin sont sortis de la langue latine et l'ont fait à peu près oublier dans toutes les régions inférieures de la société occidentale. Mais plusieurs causes en ont maintenu l'usage dans les classes supérieures de cette société. D'abord la belle et riche littérature de l'ancienne Rome, même amoindrie pour nous par bien des ravages du temps, offre encore à tous les esprits cultivés des modèles d'éloquence et de poésie auxquels ils s'attachent toujours avec une juste prédilection. Puis, en devenant la langue officielle de l'Église chrétienne, le latin est resté un moyen nécessaire de communication entre tous les membres de cette grande communauté. Il sert encore aujourd'hui pour tous les actes de la chancellerie pontificale; il s'est maintenu dans la liturgie et les prières de l'Église. La traduction latine de la Bible par saint Jérôme, devenue la *Vulgate* ou traduction officielle des livres saints, garde l'autorité d'un texte original. Longtemps aussi l'étude du droit et la pratique judiciaire, fondées sur les lois romaines, ont perpétué, dans les écoles et dans les tribunaux, l'usage de la langue des jurisconsultes romains. L'ordonnance de Villers-Cotterets, qui décida que dorénavant tous les actes judiciaires seraient rédigés en français, ne date que du règne de François Ier (août 1539); et cependant les avocats continuèrent assez longtemps encore à plaider en latin.

C'est ainsi que, malgré tant de révolutions, le latin a eu le privilège d'une seconde vie, même en dehors des choses religieuses. Jusqu'à la fin du xviie siècle, on a écrit en latin des livres d'histoire dont quelques-uns, comme celui de Jacques de Thou, sont des ouvrages considérables. Plusieurs de nos anciennes grammaires françaises sont rédigées en latin. La Philosophie, l'Érudition, les Sciences naturelles, les Mathématiques s'en servent encore, comme d'une sorte de langue commune pour les savants de tous les pays. On a même vu des ouvrages primitivement écrits en français chercher et obtenir un surcroît de popularité en passant par une traduction latine. Le *Discours de la Méthode,* par Descartes, et les *Provinciales* de Pascal en sont de mémorables exemples. Au xviiie siècle, la préface du beau livre de Rollin, le *Traité des Études,* fut publiée en même temps dans les deux langues. Enfin, il y a encore, à Rome, à Turin, à Leyde, des latinistes habiles qui professent en cette langue. Mais, remarquez-le bien, ils ne l'ont pas apprise de leurs parents ou de leurs nourrices ; ils l'ont apprise après l'idiome national et dans les écoles. Ne confondons pas cet usage artificiel avec la pratique naturelle des idiomes, qui se perpétuent et se développent aujourd'hui par l'éducation domestique.

Analogues à quelques égards aux destinées du latin, celles du grec en sont pourtant bien différentes. Comme langue du christianisme oriental, il règne dans sa liturgie, dans ses chaires, dans ses écoles théologiques, au même titre que le latin en Occident. Mais la religion ne l'a pas seule protégé contre l'instabilité des institutions et des empires. Au-dessous de la belle langue de Sophocle, de Xénophon, de Démosthène, vivaient dès l'antiquité plusieurs idiomes populaires, qui ont traversé le moyen âge et sont parvenus, jusqu'à nous, sous le nom commun de romaïque, dérivé de celui de *Roma*, parce que Constantinople, l'ancienne Byzance, devenue la seconde capitale de l'empire, avait pris le titre de Nouvelle Rome. Mais ce romaïque, quoique moins éloigné du grec classique que ne le sont du latin les langues néo-latines, n'a pourtant jamais pu s'élever à la dignité de langue littéraire. Rarement on le trouve employé dans les livres des Byzantins. Les littérateurs de l'empire de l'Orient restèrent toujours plus ou moins fidèles au culte de la vieille langue. Ils l'écrivaient avec peu de goût ; ils l'encombraient de néologismes ; mais ils en respectaient, tant bien que mal, la grammaire. Du IVe siècle jusqu'à la prise de Constantinople par les Turcs, en 1453, les théologiens, les philologues, les annalistes ont produit des centaines de volumes souvent fort estimables, où le grec byzantin continue les anciennes traditions de la littérature savante. Je n'en citerai qu'un exemple : au XIIe siècle, un archevêque de Thessalonique, Eustathe, laissait en mourant de nombreux écrits, qui sont parvenus presque tous jusqu'à nous et dont l'un, son *Commentaire sur l'Iliade et sur l'Odyssée,* forme à lui seul cinq gros volumes in-quarto. Quelle activité ne suppose pas, chez les libraires et les copistes, la reproduction d'un si prodigieux recueil de notes historiques et grammaticales, rédigées d'après bien d'autres écrits qui existaient encore sur cette matière !

Depuis 1453 jusqu'à nos jours, la tradition, affaiblie sans doute, ne s'est jamais interrompue, et c'est à elle que se rattache aujourd'hui avec plus d'ardeur que jamais le patriotisme des Hellènes, redevenus un peuple libre. Ils ne veulent pas que l'on traite leur langue de langue morte. Excepté en poésie, ils dédaignent obstinément le parler populaire pour le style et pour la grammaire classiques. Le grec des prosateurs anciens est le seul qu'on enseigne dans les écoles des villes et des villages. Ces efforts seront-ils couronnés de succès, et le temps est-il proche où tous les Hellènes pourront comprendre, sinon écrire la belle langue de leurs ancêtres? Je ne saurais le dire. Mais, quoi qu'il arrive, le spectacle même de cette renaissance est plein d'intérêt pour nous et il nous montre, une fois de plus, combien l'histoire des livres est étroitement unie a celle des peuples. Il y a bientôt deux mille ans, Cicéron, plaidant pour le poète grec Archias, comparait avec une sorte de tristésse la popularité dont jouissait alors, « dans le monde entier », la langue de ce poète avec le domaine si restreint de la langue latine. Le latin a conquis depuis ce temps un domaine bien autrement étendu que celui du grec. Mais ce dernier n'a pas disparu, comme les idiomes originaux de la Gaule ou de l'Espagne, sous l'idiome prépondérant des vainqueurs. Grâce à la richesse et à la beauté de sa littérature, il est resté maître des écoles en Orient et il y a gardé jusqu'à nos jours une autorité qui pourra grandir, si le peuple hellène se montre capable de reprendre, entre le monde oriental et le monde occidental, un rôle digne de ses vieilles et glorieuses traditions.

Au reste, le chapitre suivant nous donnera l'occasion de revenir sur ce sujet.

CHAPITRE VIII

LES LIVRES A L'EXPOSITION UNIVERSELLE DE 1878.

Introduction et coup d'œil général. — Le matériel d'imprimerie du *Graphic*. — Un livre tissé en soie. — Outillage des imprimeurs chinois et japonais. — La photogravure. — Les bibliothèques publiques aux États-Unis. — La Grèce moderne à l'Exposition. — Les livres dans les galeries du Trocadéro. — Exposition permanente de la galerie Mazarine à la Bibliothèque nationale.

J'en étais où vous savez de mes réflexions, quand s'est ouverte l'Exposition universelle. Il m'était naturel d'y chercher, avant tout, les produits qui se rapportent au sujet de la présente histoire.

Que de livres, que de reliques précieuses, que d'outils anciens et nouveaux, que de merveilles de l'écriture, de la typographie, de la reliure! Que de machines, dont quelques-unes fonctionnent sous nos yeux et nous transportent, pour ainsi dire, dans les ateliers d'où sortent chaque jour des milliers de volumes! C'est là un spectacle si largement instructif, qu'il aurait pu me fournir le cadre et presque tous les matériaux de l'histoire que je vous raconte. Il aurait suffi, pour cela, de vous convier à me prendre pour guide, sur le Trocadéro, à travers les galeries où sont rassemblés les monuments de l'histoire du travail; au Champ-de-Mars, dans la section des arts libéraux, où l'imprimerie étale toutes ses variétés et toutes ses splendeurs. Jetons au moins un coup d'œil sur les principales vitrines et les principaux appareils, où se marquent, siècle par siècle, et quelquefois année par année, les progrès de l'art qui nous occupe. Voici, parmi les objets qu'expose une papeterie autrichienne, deux énormes cylindres, formés chacun d'une seule bande de papier; chacune de ces bandes a huit mille mètres de long sur un mètre de large. Voici, dans la section anglaise, un produit nouveau, qui s'appelle le parchemin végétal, et, tout près de là, l'ensemble des instruments qui servent à la publication d'un journal illustré, *The Graphic* : matière première pour le papier, pâte formée avec cette matière, papier destiné au tirage du journal; puis, pour les dessins, bloc de bois qui reçoit la gravure, cliché pris sur cette gravure, châssis où l'on enserre le cliché pour le mettre sous la presse. Voici une machine à composer : c'est une sorte de piano, dont les touches sont en rapport avec un mécanisme intérieur qui, selon le jeu de l'exécutant, fait glisser les caractères mobiles dans des rainures où ils s'alignent; un autre mécanisme du même genre tire, des caractères ainsi rangés, une épreuve sur papier : c'est une charmante simplification des procédés de l'imprimerie. Voici, dans l'exposition norvégienne, du papier fabriqué avec la seule fibre du sapin et du tremble, puis des reliures élégantes dans leur simple originalité. Dans la section française, je remarque mainte invention, souvent ingénieuse, mais quelquefois affublée d'un nom puéril, comme la *typomanie*, c'est-à-dire le cliché en zinc, servant à imprimer sur des tablettes de bois blanc qui remplacent, sous la presse, le papier ou le vélin. Cette variété de matières imprimables me rappelle le livret récent d'un sous-inspecteur des forêts, M. Jollivet, sur les diverses espèces de bois employées pour la fabrication du papier, livret qui figure à côté des produits de l'industrie forestière. Autre variété moins prévue, et qui demande vraiment une place à part : l'industrie de Lyon nous présente un livre *tissé* en fils de soie. Ces vingt pages, exécutées d'après les procédés de Jacquart, par M. Henry et ses habiles collaborateurs, sont le plus merveilleux produit d'un art tout français. Le célèbre inventeur des machines qui ont transformé la fabrication des tissus, ne se doutait pas qu'un jour arriverait où, de perfectionnement en perfectionnement, sa machine deviendrait capable de reproduire des pages entières d'écriture, et de lutter ainsi avec l'art des disciples de Gutenberg.

Que cela nous soit un avertissement de battre un peu tous les sentiers de cette riche Exposition, si nous voulons y voir tout ce qui intéresse notre sujet. Ici, un manuscrit du célèbre calligraphe Jarry qui, au XVIIe siècle, luttait avec les plus beaux produits de l'Imprimerie royale ; et, à côté, un des sept exemplaires connus de la magnifique Bible in-folio sortie, vers 1450, des presses de Gutenberg. Là, l'outillage de l'imprimeur chinois et du japonais. J'y remarque des spécimens divers du papier qu'on fabrique, en ce dernier pays, avec l'écorce d'un mûrier ; les albums japonais, si pleins d'images où se peignent la nature et les usages de la vie privée, chez un des peuples les plus intelligents de l'extrême Orient. Dans la section de la Cochinchine française, plusieurs de ces manuscrits sur feuilles de palmier, que je décrivais plus haut (1re partie, chapitre Ier, page 8) ; enfin, des plaques de bois couvertes de caractères arabes, qui nous rappellent un usage encore très commun dans les écoles musulmanes.

C'est au milieu de l'orfèvrerie que figurent, grâce à la richesse du meuble qui les renferme, les traductions, en trois ou quatre cents langues, de la bulle du pape Pie IX sur l'Immaculée Conception. Chaque exemplaire est écrit par les plumes les plus habiles, et orné par la main des meilleurs artistes de chaque pays. Ce sera la merveille de la calligraphie, dans le monde entier, au XIXe siècle. L'attention s'égare, en vérité, à poursuivre l'examen de tant de produits divers.

A part l'empire d'Allemagne, dont on regrette que l'industrie ne se soit pas fait représenter, toutes les nations, grandes et petites, ont tenu à nous montrer leurs efforts pour promouvoir et perfectionner l'industrie des livres. En Italie, en Autriche, dans le Royaume-Uni, les résultats obtenus sont, comme en France, très remarquables. La cartographie surtout et la géographie, illustrées par tous les procédés accessoires du dessin, ont fait, en quelques années, des progrès surprenants. Voyez, dans le compartiment occupé par la librairie Hachette, combien se sont améliorés nos atlas géographiques; dans celui de la maison Goupil, voyez quelle beauté et quelle précision atteignent la reproduction des monuments, et même des scènes de la nature, grâce à la découverte récente de la *photogravure* ou *héliogravure;* puis, la reproduction des tableaux peints par la *chromophotographie.* Combien l'outillage de nos écoles élémentaires s'est perfectionné par la multiplication des livres à bon marché, qui, à l'aide d'une imagerie intelligente, captivent les yeux de l'enfance et la conduisent, pas à pas, des premiers éléments à un niveau déjà élevé d'instruction scientifique! Le pavillon central, où la ville de Paris a rassemblé les spécimens, les plans en relief, les dessins de presque tous ses monuments, soit anciens, soit modernes, et jusqu'aux plans de ceux qu'elle fait construire ou reconstruire, ce pavillon vous offre, à lui seul, comme une image en raccourci de ce que peut, de ce que sait faire une ville de deux millions d'âmes, qui tient à honneur, même après ses désastres, de rester une des capitales du monde civilisé. Aussi l'éducation populaire occupe-t-elle une large place, avec des livres et des dessins de tout genre, parmi les objets exposés. On apprécie, là, quelle extension ont prise nos écoles publiques de tous les degrés.

Notre ministère de l'Instruction publique n'a pas montré moins de souci pour exposer à l'attention de tous, et dans le plus bel ordre, les travaux du nombreux personnel qu'il dirige. Une salle particulière contient les relations de divers voyages scientifiques, entrepris à ses frais et sous ses auspices, des dessins, des fac-similés et quelquefois les originaux de monuments découverts ou explorés par nos savants. Ce qui doit surtout nous intéresser, ce sont les larges vitrines et bibliothèques, où l'on a rangé, après les avoir soigneusement reliés, tous les livres publiés depuis dix ans et plus, par les membres du corps enseignant. Ces milliers de volumes, volontairement offerts par les auteurs, resteront réunis, et ils constitueront désormais les archives d'une période marquée chez nous par de notables progrès, dans toutes les parties de la science et dans l'art d'instruire la jeunesse. Des catalogues spéciaux fixent le souvenir durable de cette Exposition, et serviront utilement aux recherches de tous les esprits sérieux.

La même préoccupation de l'enseignement public caractérise la librairie américaine. Celle-ci, que représente surtout une association de libraires des États-Unis, s'est piquée d'une généreuse émulation, pour figurer à notre grande fête internationale. A peine remise des efforts et des dépenses qu'avait dû lui coûter l'Exposition de Philadelphie, en 1876, la voilà déjà prête à une lutte nouvelle. Le livret où elle résume pour nous ses méthodes de publication, la variété de ses richesses et le développement de sa production, depuis un demi-siècle, est un document des plus instructifs. On y apprend, en quelques pages, ce que lancent chaque année dans le monde les trois mille éditeurs de livres que possèdent aujourd'hui les États de l'Union. Ce chiffre s'élève, d'après une statistique peu rigoureuse, il est vrai, à plus de quarante millions. Mais, ce qui caractérise le mieux l'esprit américain, c'est peut-être le grand nombre, et surtout le régime des bibliothèques publiques. Celle de Boston, avec un peu moins de quatre cent mille volumes, satisfait, grâce à la facilité du prêt, à plus d'un million de lecteurs, et cela, sans compter ceux qui s'adressent à ses huit succursales. Nos dépôts de livres ne comportent pas une publicité si libérale, peut-être faut-il ajouter, si imprudente. On ne prête pas facilement des livres anciens ou rares, volumineux, ou précieusement reliés. Il faut, si l'on veut répandre largement ce bienfait, ne livrer au public que des livres faciles à consulter, faciles à transporter, et surtout qui ne soient pas coûteux à remplacer, quand par malheur ils viennent à se perdre. Or, les plus anciennes bibliothèques des États-Unis n'ont guère qu'un siècle d'existence, et il y en a peu qui contiennent en abondance les vieux livres, qui forment le plus précieux fonds des bibliothèques publiques, en Angleterre et sur le continent européen.

On imprime aujourd'hui avec correction, avec élégance, quelquefois même avec un grand luxe, à New-York, à Boston, à Cambridge sa banlieue; mais, en général, l'imprimerie et la librairie américaines visent au bon marché, qui permet une diffusion rapide de leurs produits, et de la science qu'elles ont pour objet de propager. Le nécessaire et l'utile y passent de beaucoup avant le superflu. Comparez les livres américains avec les œuvres d'élite qui sortent des presses de nos grands imprimeurs, et surtout de notre Imprimerie nationale, et dites si ces splendides éditions sont faites pour la publicité journalière et généreusement ouverte, que recherchent les Américains. Concevrions-nous une bibliothèque où l'on livrerait sans précaution, à tout lecteur qui en ferait la demande, le *Livre des Rois* (poème persan de Firdouzi), ou même le *Molière*, que l'on voit exposés dans les vitrines de notre Imprimerie nationale? Ce sont là des œuvres d'art, où l'on aime à contempler la dernière perfection d'une typographie savante; ce ne sont pas des livres pour l'usage du premier curieux qui les voudrait emprunter. Ainsi se marque, d'une manière saisissante, même dans l'industrie que Montaigne aurait appelée *livresque* (je regrette que le mot ne soit plus français), la différence du génie des peuples.

Parmi ces peuples, il en est un qui n'a obtenu qu'un espace étroit, entre la Belgique et le Danemark, dans la présente Exposition : c'est la Grèce. Ne dédaignez pourtant pas de vous y arrêter. Sur cette brillante ligne de façades, qu'on appelle la *Rue des Nations*, et où chaque nation a élevé un modèle de l'architecture qui lui est propre, la Grèce libre n'attire vos regards que par une façade demi-antique, demi-moderne, sur laquelle se détache un autel surmonté d'un buste d'Athéné (Minerve). A l'intérieur, les Hellènes ont rassemblé, à côté des produits de leur sol surtout riche en marbres et en minéraux, à côté des tissus, des costumes nationaux, quelques œuvres de leurs peintres, de leurs statuaires, de leurs photographes; puis, dans deux ou trois armoires, un certain nombre de livres, composés, imprimés, reliés à Athènes, à Hermopolis (Syra), à Corfou, etc. Parmi ces ouvrages, se recommandent à l'attention les nombreux recueils de monuments et d'inscriptions antiques, publiés par une active société d'archéologues (150) qui, depuis plus de quarante ans, exécute des fouilles sur le sol vraiment inépuisable de la Grèce ancienne, et qui s'empresse d'en faire connaître les résultats au monde savant. Je vous disais plus haut qu'il y a soixante ans, les Grecs avaient reçu de nous les premiers caractères et le papier même qui servirent à imprimer chez eux les premiers livres à l'usage de leurs écoles ; aujourd'hui, leur typographie est émancipée : elle sait fondre les caractères, fabriquer le papier et l'encre dont elle a besoin ; elle exécute d'assez beaux livres, sans avoir recours à la main des étrangers. Deux catalogues que je viens d'en recevoir, et qui comprennent une période de neuf ans (1869-1878), forment, réunis, plus de quatre cents pages. C'est peu encore, en comparaison des richesses qu'étalent la librairie de l'Occident et celle de l'Amérique du Nord. Mais ne triomphons pas de ce contraste, et n'oublions pas ce que nous devons au petit peuple dont l'Europe soutient depuis cinquante ans la lente et difficile renaissance. C'est à lui que remonte l'origine de presque toutes les industries qui l'entourent et qui semblent l'étouffer aujourd'hui, dans cette luxuriante Exposition du Champ-de-Mars. *Athéné*, la déesse dont le buste couronne le modeste autel que nous avons vu, Athéné, c'est la déesse par excellence des industries qui ornent et qui enrichissent la vie de l'homme, c'est l'inspiratrice de tous les arts, c'est la chaste vierge qu'on adorait au Parthénon, sur l'*Acropole* de sa chère ville d'Athènes, et la ville d'Athènes elle-même fut jadis le foyer le plus actif d'où rayonna, sur l'Occident tout entier, le génie des arts et de la science. Bien petit est le nombre des livres originaux que produit et que nous envoie la capitale de la Grèce moderne; mais tous les auteurs, tous les artistes, tous les graveurs, tous les imprimeurs, dont les œuvres se déploient dans les galeries de l'Exposition, sont des élèves de l'antique Hellade. Le livre proprement dit, j'ai tenu à vous le faire comprendre, dès le début de ces entretiens, le livre est d'origine hellénique. Quand vous contemplez un beau chêne, sa haute cime et son riche feuillage, n'oubliez pas le gland d'où il est sorti (151).

De l'exposition grecque, remontons aux galeries du Trocadéro, où s'étalent surtout, non plus les merveilles de l'industrie moderne, mais celles de l'art et de l'industrie chez nos ancêtres. Dans ces galeries, un spectacle nouveau s'offre à nous: c'est celui des vitrines, où les amateurs de beaux et vieux livres ont rivalisé de zèle pour étaler les richesses de leurs cabinets, ou tout au moins un choix de ces richesses; car il y a telle bibliothèque d'amateur qui, comme celle d'Ambroise-Firmin Didot, occuperait à elle seule cent fois plus de place que MM. les Commissaires de l'Exposition ne pouvaient lui en accorder. Longue serait l'énumération de tous ces manuscrits, de toutes ces impressions d'élite, dont chacune marque, pour ainsi dire, une époque, dans l'histoire des livres, à travers tous les siècles et tous les pays. Les connaisseurs en ce genre de curiosités ont eu là l'occasion de bien des rapprochements utiles, et quelques-uns de ces rapprochements ont donné lieu à de véritables découvertes. C'est ainsi que M. Léopold Delisle, le savant paléographe, administrateur de notre Bibliothèque nationale, en observant un manuscrit de la *Politique* et de la *Morale d'Aristote*, mises en français par Nicole Oresme, qui appartient à M. le comte Louis de Wasiers, y a reconnu le second tome d'un autre manuscrit du même ouvrage, que possède la Bibliothèque royale de Bruxelles, et que, de proche en proche, il a reconnu comme étant de la même famille, deux autres volumes, partagés aujourd'hui entre le Musée Westreenien, à la Haye, et la Bibliothèque royale de Bruxelles (152). Ces quatre volumes formaient jadis le double exemplaire exécuté au xive siècle pour la *librairie* du roi Charles V ; le plus petit des deux exemplaires a été copié par Raoulet d'Orléans, calligraphe aussi actif qu'habile, dont on possède encore plusieurs manuscrits, entre autres deux beaux exemplaires de la Bible. Les quatre volumes de Nicole Oresme sont donc, hélas ! dispersés aujourd'hui entre trois collections. Mais n'est-il pas déjà intéressant de constater que, du moins, ils sont intacts et conservés avec un juste respect, chacun dans le dépôt dont ils font partie?

Beaucoup d'autres manuscrits précieux ont subi semblable fortune. De la traduction en langue gothique de la Bible, faite au ive siècle par l'évêque Ulphilas, la meilleure partie se trouve aujourd'hui à la Bibliothèque de l'Université d'Upsal, en Suède ; elle a été écrite avec une encre relevée de poudre d'argent, et quelquefois de poudre d'or, sur un beau parchemin coloré en pourpre ; d'autres cahiers du même manuscrit sont conservés à Wolfenbuttel et à Milan. Une traduction latine de la Bible, traduction antérieure à celle de saint Jérôme, appartenait à la bibliothèque de Lyon : par suite d'un vol commis de nos jours, et dont l'auteur est mort en Angleterre, une partie de ce manuscrit était devenue la propriété d'un riche amateur anglais, lord Ash Burnam, qui l'avait achetée sans en connaître l'origine. Le fils du possesseur de ce trésor, en ayant appris récemment la provenance frauduleuse, n'a pas hésité à en offrir le don gratuit à la bibliothèque de Lyon.

On pourrait citer bien des exemples de ces mutilations et de ces dispersions qui ne sont pas toujours réparées; mais un tel détail nous entraînerait trop loin. La galerie du Trocadéro a fidèlement rendu tous les trésors qu'elle avait réunis à leurs légitimes possesseurs. Les curieux avaient sans doute le cœur attristé, en voyant se vider tant d'armoires et se disperser de nouveau les livres dont la riche variété leur offrait tant de facilités pour s'instruire. Heureusement Paris a, dans ses seules collections publiques, de quoi fournir largement à l'instruction des amateurs de livres. Notre Bibliothèque nationale possède, dans ce qu'on appelle sa *Réserve*, plusieurs milliers de modèles inappréciables, en tous les genres de manuscrits, d'impressions et de reliures, provenant de la France et de l'étranger. Cette Réserve, il est vrai, ne peut s'ouvrir qu'à des lecteurs choisis; mais le zèle de l'administration vient de pourvoir à la curiosité d'un public plus nombreux. Une grande salle, qui porte à bon droit le nom de galerie Mazarine, est remplie dans toute sa lon-

gueur de vitrines, où l'on a rassemblé les spécimens les plus authentiques et les mieux choisis
des écritures de presque tous les peuples et de presque tous les âges ; en outre, des spécimens de
l'imprimerie, depuis ses premiers essais jusqu'à
ses produits les plus parfaits, soit en France, soit
à l'étranger. Deux fois par semaine, on peut s'y
promener à l'aise et contempler à loisir 448 manuscrits et 669 imprimés, tous remarquables à tel
ou tel titre, pour l'histoire dont j'esquisse à votre
profit les principaux traits. Deux catalogues, que
vous achèterez volontiers en entrant, vous serviront de guides, pour un voyage qui vous promet
autant de plaisir que d'instruction. Tel livre vous
arrêtera par la beauté du parchemin et des caractères, tel autre par celle de sa reliure ; celui-ci
par le nom d'un illustre propriétaire, d'un roi
bibliophile, ou d'un bibliophile qui doit à son
amour des livres toute la célébrité dont il jouit ;
tel par la perfection de l'imprimerie ; tel autre, au
contraire, par une grossièreté d'exécution qui
montre les premiers tâtonnements de l'art. Vous
vous sentirez quelquefois émus, en présence du
manuscrit unique où s'est conservé un des chefs-
d'œuvre de l'esprit humain, devant les autographes ou même les simples signatures des
grands hommes qui ont illustré la science et les

lettres. Ailleurs, en regardant un livre, que le catalogue vous signale comme le premier livre exécuté en *petit format*, vous songerez aux inappréciables avantages du format portatif, pour les progrès de la science populaire. De grossiers modèles de xylographie, dont on place la date entre 1400 et 1475, portent le titre touchant de *Bible des Pauvres*. Ce ne sont guère que des images de scènes bibliques, accompagnées de courtes légendes latines, et destinées évidemment à l'instruction du peuple; ainsi un des premiers usages de l'imprimerie tabellaire, qui précéda la typographie proprement dite, fut de répandre à bon marché des livres pour l'instruction des pauvres gens. Nous voilà en belle voie de réflexions sur les écoles et sur l'instruction primaire. Nous aimerons aussi à constater l'ordre des premières publications de la typographie : d'abord des textes latins, surtout ceux des livres saints, puis des auteurs profanes; ensuite les textes grecs, les textes hébreux; enfin, les textes en vieille langue française, traductions ou livres originaux, etc. Mais quelque intérêt que de tels sujets nous offrent, il est temps de nous arrêter.

CHAPITRE IX

RETOUR A LA LIBRAIRIE FRANÇAISE
ET A SON HISTOIRE.

Règlements de la librairie sous François Ier, Henri II, Louis XIII et Louis XIV. — Code de la librairie et imprimerie de Paris, par Saugrin. — Correction des textes dans l'antiquité et dans les temps modernes. — Les fautes d'impression. — Un beau vers de Malherbe, dû à une heureuse méprise. — Ce qu'on appelle *coquilles* en imprimerie. — Justice à rendre aux correcteurs.

Vous savez, ne fût-ce que par la lecture du précédent chapitre, ce qui arrive au curieux qui se promène dans les galeries d'un musée, où maint objet l'attire, tantôt à droite et tantôt à gauche; il lui faut souvent revenir sur ses pas, pour mieux voir ce qu'il a seulement parcouru de l'œil, ou même ce qu'il avait d'abord négligé. Ne vous étonnez donc pas si, dans la galerie historique, que je parcours avec vous, il m'arrive de vous ramener parfois en arrière, et de reprendre, pour l'éclairer mieux, certaine partie de notre sujet, dont j'ai déjà dit quelques mots.

Au milieu du xviiie siècle, la production des livres est, dans toute l'Europe, en pleine activité ; et, comme toutes les fonctions du corps social, elle est soumise à des lois, à des règlements nombreux, quelquefois vexatoires, ordinairement protecteurs du droit et de la justice.

Dès la fin du moyen âge, un fait particulier caractérise, chez nous, toutes les professions qui se rapportent à l'industrie des livres : dans notre capitale, elles relevaient de l'Université de Paris, et, en province, des autres Universités. L'autorité déterminait avec beaucoup de précision le devoir des libraires envers les auteurs et envers le public ; elle fixait les conditions de la vente ; elle exigeait, autant que la chose était possible, que toute copie mise dans le commerce fût bien et dûment correcte, etc. (153).

Ces règlements, déjà fort compliqués avant l'imprimerie, le devinrent plus encore lorsque l'imprimerie multiplia, dans une proportion inconnue à nos ancêtres, les exemplaires de tant d'écrits anciens ou nouveaux. Une fabrication si multiple et si rapide, qui occupait des ouvriers chaque jour plus nombreux, appelait en conséquence une législation spéciale, et cette législation poussa plus d'une fois la sévérité jusqu'à l'excès.

En 1535, bien près du temps où Louis XII rendait un si bel hommage à l'art de Gutenberg, François Ier, effrayé des désordres de la presse, faillit la supprimer par un édit qui, heureusement, n'eut pas et ne pouvait avoir de si terribles effets. Les disputes et les guerres de religion avaient favorisé les excès d'une liberté qui pouvait devenir dangereuse, avec les armes que l'imprimerie mettait entre ses mains. On ne s'étonne donc pas que, dès 1539, ait paru une ordonnance sur la police de l'imprimerie parisienne. Il y était fait défense « aux ouvriers, de porter ni épées, ni poignards, ni bâtons dans les ateliers; de se réunir en confréries, de faire bourse commune, et de faire aucun *tric* (suspension de travail), abbuz et monopolles, au moyen desquels ils imposoient leur volonté aux patrons, pour leur interdire, notamment, de faire des apprentis. »

Une ordonnance de Henri II, en 1551, pourvoit à d'autres périls, en réglant surtout les devoirs des imprimeurs. D'après cette ordonnance, une copie signée, de tout manuscrit destiné à l'impression, devait rester entre les mains des censeurs, qui examinaient encore le livre, dès qu'il sortait de la presse. Chaque ouvrage devait porter le nom de l'auteur et celui de l'imprimeur, son domicile, sa marque et la date de l'impression ; plusieurs de ces dispositions sont encore en vigueur.

Les meilleurs règlements sommeillent, quand le désordre a envahi la société, et le désordre fut grand jusqu'à l'avènement de Henri IV et à son règne réparateur. Aussi est-ce seulement à partir du xviie siècle, sous Louis XIII, que l'on voit se coordonner et s'affermir les lois relatives à l'imprimerie et à la librairie. Une ordonnance de 1618 consacre ce retour à la discipline, pour une profession si difficile à discipliner. L'ordonnance, publiée sur ce sujet par Louis XIV, en 1686, est un véritable code. Ce code, comme tous les autres, devait être modifié avec le progrès des temps ; il le fut sous le règne suivant, en 1723, et divers autres règlements l'avaient encore modifié, lorsque Saugrin, syndic de la librairie parisienne, publia, en 1744, pour l'usage et à l'honneur de la corporation dont il était le chef, l'ouvrage intitulé : *Code de la librairie et imprimerie de Paris, ou Conférence du règlement arrêté au Conseil d'État du Roi, avec les anciennes ordonnances, édits, déclarations, arrêts, règlements et jugements rendus au sujet de la librairie et de l'imprimerie, depuis l'an 1332 jusqu'à présent.* Il faut parcourir ce recueil, pour comprendre l'importance de la puissante corporation des libraires jurés, ses privilèges, ses rapports avec toutes les industries secondaires à son service, sa sujétion à la police générale de l'État. Quelques traits de ces minutieux règlements sont intéressants à noter. Ainsi, on a vu que nul livre ne devait paraître sans le nom de l'imprimeur et sans l'indication de son domicile ; ce domicile, les imprimeurs et les libraires n'étaient pas libres de l'installer où ils voulaient dans la grande cité, mais seulement dans un nombre déterminé de rues, de quais et de ponts (on sait que les ponts, alors, étaient souvent bordés de maisons). Autre particularité : non seulement aucun livre ne pouvait paraître qu'avec un privilège du roi, après approbation des censeurs enregistrée au syndicat de la librairie, mais le membre d'une Académie n'était pas toujours libre de publier ses propres ouvrages, sans l'autorisation du corps auquel il avait l'honneur d'appartenir ; seulement, sur sa demande, l'Académie se désistait, ordinairement avec bonne grâce, du privilège que lui conféraient ses règlements.

Une profession aussi active, aussi utile que celle des imprimeurs et des libraires, une profession appelée souvent à remplir des devoirs si délicats, avait naturellement des traditions ; et d'ordinaire, cette tradition a été représentée par d'honorables familles où se transmettaient, de père en fils, les bons exemples de savoir et de probité, autant que l'habileté des procédés industriels. Telles sont, en France, au xvie siècle, la famille, on pourrait presque dire la dynastie des Estienne; au xviiie siècle et de nos jours, celle des Didot. Telle est, en Italie, la famille des Alde. Entre les mains de ces intelligents imprimeurs et libraires, le livre devient souvent une œuvre d'art, qui a sa valeur propre, et quelquefois, il faut l'avouer, n'en a pas d'autre; car, dans les milliers d'écrits nouveaux qui se publient chaque année, il n'y a jamais qu'un petit nombre d'œuvres qui méritent d'être distinguées pour leur valeur scientifique ou littéraire, et celles-là ne trouvent pas toujours des éditeurs dignes d'elles. Certains chefs-d'œuvre antiques ou modernes ont eu des centaines d'éditions, parmi lesquelles bien peu se recommandent par une exécution élégante.

Ce fut donc une heureuse pensée que celle du premier roi de France qui choisit, entre les imprimeurs parisiens, le plus capable d'exécuter, sous son patronage, des éditions assez parfaites pour servir de modèles. Il n'y avait pas encore d'Imprimerie royale proprement dite; mais il y eut toujours, depuis Robert Estienne jusqu'à

Sébastien Cramoisy (1640), des imprimeurs
royaux (154). Plus d'une fois, d'ailleurs, l'émulation de leurs confrères, soit en France, soit à
l'étranger, trouva moyen de les surpasser. Ainsi,
les Vascosan en France, les Alde en Italie, les
Elzévir en Hollande, au xvie et au xviie siècle;
plus tard, les Didot et les Bodoni, ont rivalisé
avec les plus parfaites productions des presses
officielles. Il faut l'avouer, du reste, les plus
beaux livres ne sont pas toujours les meilleurs.
En les exécutant, on semble souvent ne s'être
préoccupé que de satisfaire les yeux, on a songé
à la curiosité des amateurs plutôt qu'à celle des
savants et des hommes de goût; et assez rares
sont les livres où s'unit la perfection typographique avec l'arrangement le mieux approprié à la
commodité des lecteurs.

Une recommandation particulière, que tout
bon imprimeur doit rechercher, mais qu'il est
bien difficile d'assurer à un livre, c'est la parfaite
correction du texte; il y faut un concours du
zèle des compositeurs, des correcteurs, du prote,
qu'on obtient rarement ailleurs que dans les ateliers de premier ordre, soumis à une surveillance
intelligente et consciencieuse. Nous avons entendu les plaintes d'un Grec et celles d'un Romain,
sur l'infidélité des copistes de son temps (155)

Maint auteur moderne s'est plaint, et avec raison, de la négligence de ses imprimeurs. On ferait un gros livre de toutes les fautes, de toutes les maladresses que ces derniers ont commises; il y en a de fâcheuses, il y en a d'amusantes; pourquoi n'essayerais-je pas d'en citer quelques exemples?

Cicéron, qui se plaignait des copistes, ne servait pas toujours lui-même des manuscrits très corrects aux ouvriers de Pomponius Atticus, son éditeur et son ami. Un jour, il lui écrivit : « Dans la rédaction de mon plaidoyer pour Ligarius, j'ai nommé parmi ses familiers Corfidius, qui était déjà mort. On m'en avertit de la part de Ligarius. Aie soin que les copistes effacent partout ce nom de Corfidius (156). » Hélas! ils n'en ont rien fait, et malgré l'avertissement de Cicéron, tous les manuscrits de son discours *pro Ligario* ressuscitent le mort qu'il voulait en faire disparaître. Cette incorrection des anciennes copies, souvent compliquée au moyen âge par l'ignorance croissante des scribes, a causé bien des tourments aux éditeurs modernes des textes anciens; elle a peu à peu fait naître une science presque nouvelle, la *critique des textes*, celle qui s'exerce à conférer entre eux les manuscrits d'un même ouvrage, à en relever les variantes, pour choisir la meilleure leçon, quelquefois pour la restituer par conjecture, dans certains passages où toutes les copies présentent une leçon fautive (157).

Au premier abord, il semble que nos livres imprimés échappent sûrement à ce genre d'altération. Il n'en est rien, car les ouvriers typographes, les correcteurs, les *protes* (ou chefs du service d'une typographie) ont leurs moments d'inattention et de négligence. Les auteurs eux-mêmes remettent souvent aux compositeurs des manuscrits d'une écriture peu lisible, puis ils ne corrigent pas toujours exactement leurs *épreuves;* on les accuse avec raison de corriger très mal, parce qu'ils lisent volontiers le texte tel qu'ils le veulent, non tel qu'il se trouve sur l'imprimé. Plusieurs écrivains (et Voltaire a été du nombre, lui qui se plaint si souvent des imprimeurs), n'ont pas la patience de manier et remanier leur manuscrit, jusqu'à ce qu'ils en aient bien fixé le texte (158). Ils livrent à l'imprimeur une rédaction informe, et c'est sur des épreuves successives et, comme on dit, sur le plomb, qu'ils se réservent de faire leurs corrections. De là résultent mille accidents, et de tout genre, dont la liste serait longue, s'il fallait la dresser ici. Une ou deux anecdotes suffiront pour montrer que nous faisons prudemment, en ne jetant pas, comme on dit, la pierre aux anciens copistes.

Cicéron, parlant d'un de ses ouvrages à son ami Atticus, dit que l'on est occupé à y faire disparaître les fautes des copistes (*menda librariorum*) (159). Un traducteur maladroit, ne faisant pas attention que *librarius* était là pour *scriptor librarius* et désignait les copistes, écrivit : « les fautes des libraires. » Le compositeur moderne, sachant très bien que les fautes d'impression ne sont pas le fait des libraires, n'hésita pas à changer ce mot du traducteur, et il substitua celui de « imprimeurs. » Cicéron se trouvait ainsi avoir connu l'imprimerie. Dans les textes des auteurs français, les erreurs typographiques sont aussi d'assez grande conséquence. Parmi les œuvres de Boileau, on lit une pièce fort plaisante : *Arrêt burlesque, donné en la Grand'Chambre du Parnasse, en faveur des Maîtres-ès-arts, Médecins et Professeurs de l'Université de Stagyre, au pays des Chimères, pour le maintien de la doctrine d'Aristote.*

Est-il vrai que l'Université de Paris, non contente de défendre Aristote et de combattre Descartes, ait demandé un arrêt contre ce dernier? Cela vaut certes la peine d'être bien déterminé. Une édition du temps de Boileau (1713) porte : « L'Université *avait présenté* requête au Par-

« lement pour empêcher qu'on enseignât la
« philosophie de Descartes. » La première édition (1701) disait que l'Université *songeait à obtenir*..... un arrêt. Pour l'honneur de l'Université
de Paris, nous aimons à croire que cette seconde
leçon est la véritable.

Vous connaissez tous l'élégie si touchante de
Malherbe à Duperrier, sur la mort de sa fille, surtout ces deux vers :

> Et, rose, elle a vécu ce que vivent les roses,
> L'espace d'un matin.

On dit que Malherbe avait écrit : *et rosette a
vécu,* etc., comme il aurait pu écrire *fleurette* par
allusion à l'âge tendre de la morte et qu'une erreur de lecture, puis d'impression, a corrigé le
vers de cette façon heureuse.

Il y a des fautes qui tournent à bien, mais
quelques-unes tournent à mal.

Dans la fable *les Deux Taureaux et une Grenouille,* La Fontaine a laissé imprimer :

> Quelqu'un du peuple *croassant,*

au lieu de *coassant,* qu'il fallait écrire pour désigner la grenouille ; celle-ci, en effet, *coasse,* et ce
sont les corbeaux qui croassent.

Boileau, dans l'*Art poétique,* chant **IV**, avait écrit :

Que votre âme et vos mœurs, *peints dans tous* vos ouvrages,
N'offrent jamais de vous que de nobles images.

Les deux vers furent plusieurs fois réimprimés avec cette faute de grammaire ; elle lui fut assez tard signalée, et il la corrigea sans peine, en mettant *peintes* au féminin, puisque ce participe se rapporte à deux noms féminins, et en supprimant *tous,* qui, d'ailleurs, n'était guère qu'une cheville.

Ces sortes de méprises s'appellent depuis longtemps, je ne sais au juste pourquoi, des *coquilles.* Elles ont suggéré à un homme du métier une assez jolie satire, que l'on trouve publiée dans l'*Histoire de l'imprimerie,* de M. Paul Dupont ; j'en extrairai les premiers vers et la conclusion :

Toi, qu'à bon droit je qualifie
Fléau de la typographie,
Pour flétrir tes nombreux méfaits
Et pour mieux dire tes forfaits,
Il faudrait un trop gros volume
Et qu'un Despréaux tînt la plume...
S'agit-il d'un homme de *bien,*
Tu m'en fais un homme de *rien.*
Fait-il quelque action insigne,
Ta malice la rend indigne.

> Et, par toi, sa capacité
> Se transforme en *r*apacité.
>
> .   .   .   .
>
> Chaque lecteur ajoutera
> D'innombrables *et cætera*.

L'*et cætera*, si l'on s'y arrêtait, comprendrait bien des variétés.

En général, nos écrivains français furent assez maltraités par leurs premiers éditeurs, surtout quand l'édition était subreptice ou posthume ; on ne voit pas sans étonnement, aujourd'hui, avec quelle liberté MM. de Port-Royal avaient traité le texte des *Pensées* de Pascal (160) et, plus tard, combien furent infidèles les premières éditions des Lettres de Mme de Sévigné. Très honnêtement, mais toujours à tort, l'historien Anquetil, en publiant les Mémoires du maréchal de Villars, les a interpolés par l'insertion d'extraits plus ou moins textuels de sa correspondance. On attend aujourd'hui et la Société de l'histoire de France publiera prochainement une nouvelle édition de ces mémoires, reproduits avec soin d'après le manuscrit original ; et ils seront suivis d'un ou deux volumes, contenant à part le recueil des lettres du maréchal.

Ce n'est guère que de nos jours qu'on a révisé les textes de notre littérature classique avec une attention sévère, et qu'on en a donné de véritables éditions critiques.

Comment quitter ce sujet de la *correction* des livres, sans saluer d'un témoignage d'estime les utiles auxiliaires de la littérature et de la librairie, qu'on appelle les *correcteurs?*

Avez-vous quelquefois songé à ces hommes laborieux qui, près des ateliers de composition et des machines d'une imprimerie, relisent du matin au soir, et quelquefois durant la nuit, les épreuves d'un livre ou d'un journal? Leur profession est bien pénible, et elle exige des qualités qui ne sont pas communes. Il leur faut suivre, d'un œil attentif, les moindres erreurs qui peuvent porter sur l'orthographe des mots, sur la forme des caractères, sur la ponctuation, sur le numérotage des feuilles et des pages, et cela dans une variété presque infinie de sujets; quelquefois, soumettre à l'auteur lui-même des changements utiles, auxquels il n'a pas pensé; tenir sans cesse à la main la copie manuscrite, le dictionnaire de l'Académie, qui fait autorité dans les typographies pour mainte question douteuse. Les yeux se fatiguent vite et la santé s'use à une telle besogne. On n'y peut guère suffire jusqu'à la vieillesse. Quelques-uns de nos modestes correcteurs sont de véritables savants, possédant plusieurs langues ou les éléments de plusieurs sciences; ils deviennent ainsi de justes conseillers pour les auteurs, et ceux-ci, trop souvent, sont ingrats envers eux, et trop prompts à les blâmer d'une sévérité quelquefois indiscrète, que compensent tant d'autres précieux services.

CHAPITRE X

A QUELS OFFICES LE LIVRE NE SUFFIT PAS

Le livre et l'enseignement oral. — Le drame écrit et le drame représenté. — Rachel et la tragédie classique. — La récitation des vers d'Homère par les rhapsodes. — M. Legouvé et l'Art de la lecture. — Combien d'œuvres scientifiques sont à l'étroit dans le cadre du livre. — Les Encyclopédies, leurs lacunes, leurs imperfections. — L'Univers pittoresque de Firmin-Didot. — Les manuels Roret. — Retour vers l'antiquité. — Les inscriptions sur le marbre et sur le bronze. — L'usage des affiches murales connu des anciens. — Les affiches rouges de 1848. — Les épitaphes. — Les inscriptions relatives à l'éphébie athénienne. — Les livres, même imprimés, sont exposés à périr.

Je pensais vous avoir conduit, dans notre dernier entretien, à la fin de l'histoire du livre : et voici que se présente à mon esprit mainte réflexion, que je n'ose pas omettre.

Et d'abord, le livre, dans sa plus haute perfection, remplit-il bien tous les offices auxquels le destinent ceux qui l'écrivent, l'impriment et l'embellissent de tout le luxe des arts? Hélas! non; il ne faut pas lui prêter une vertu sans borne. Déjà Varron, celui peut-être des Romains qui avait écrit et lu le plus de livres, avait dit quelque part : « Les livres ne sont que de bien chétifs monuments du savoir ; ils contiennent les éléments de nos recherches ; c'est d'eux que l'esprit doit seulement partir pour se livrer au travail. » Continuons sa pensée. Un livre de mathématiques, de physique ou de chimie, ne dispense pas toujours ceux qui le lisent d'écouter les leçons d'un professeur géomètre, physicien ou chimiste. La parole d'un maître qui sait bien enseigner est encore d'un effet supérieur à la lecture du meilleur traité. En général, malgré ses défaillances inévitables, l'improvisation a, pour instruire et pour émouvoir, une force pénétrante et une sorte de clarté que rien ne remplace. Les plus beaux discours, écrits par celui qui les a prononcés, corrigés avec soin, imprimés de la plus belle manière, ne produiront jamais, sur des lecteurs l'effet qu'ils ont produit sur un auditoire. « Les livres de nos orateurs, disait Cicéron, bon connaisseur s'il en fut jamais en ces matières, manquent de je ne sais quel souffle, qui faisait paraître les choses plus grandes lorsqu'on les entendait prononcer (161). »

L'éloquence, dans un ouvrage dramatique, subit une épreuve encore plus dangereuse, quand nous la lisons des yeux, sans lui rendre le ton et l'accent de la voix. Racine et Corneille restent d'admirables écrivains, pour le lecteur qui jouit de leur œuvre dans le silence de son cabinet; mais, combien ils grandissent sur la scène d'un théâtre, quand la voix d'habiles artistes met en juste relief la force et la variété des passions qui animent leurs personnages! Aussi faut-il avouer que les chefs-d'œuvre du drame antique ont perdu, chez nous, une bien grande part de leur prestige. Une tragédie de Sophocle, une comédie d'Aristophane ou de Plaute, ne sont guère, pour nous, que le simple livret d'une représentation, que nous ne pouvons pas reproduire avec ses effets divers de mise en scène et de puissante sonorité. Souvent il arrive que, pour le théâtre moderne, tel rôle important sommeille, en quelque sorte, pendant bien des années, faute d'un acteur qui sache lui rendre la vie et passionner de nouveau la lettre à moitié morte des mots imprimés. Les amateurs se souviennent de la surprise et de l'émotion que produisit la célèbre Rachel, lorsqu'elle rendit à Racine une Hermione, une Roxane, une Phèdre, dignes du génie qui avait jadis créé ces admirables personnages. Ce fut comme une résurrection. Même dans un salon, le prestige d'une belle scène de Molière ou

de Racine, celui des bonnes fables de La Fontaine, d'une belle page de Musset, de Lamartine
ou de Victor Hugo, sera doublé, si la lecture en
est faite par un interprète capable de comprendre cette poésie, et d'en faire ressortir, par une
diction habile, les accents élevés et les nuances
délicates. La prose des orateurs devra aussi à la
voix d'un lecteur habile, une vigueur et un éclat
qui rappellent et qui expliquent les grands succès du barreau, de la tribune et de la chaire. Les
anciens ont eu le vif sentiment de ces différen-
ces, et le philosophe grec Platon décrit, dans un
charmant dialogue, l'émotion du *rhapsode* réci-
tant, devant une foule attentive, les immortels
vers d'Homère. Ion (c'est le nom de cet artiste)
paraissait retrouver, en les déclamant, quelque
chose de l'inspiration presque divine du poète.
L'orateur Eschine, vaincu, dans un procès solen-
nel, par son rival Démosthène et exilé à Rhodes
après sa défaite, lut, dit-on, dans l'école qu'il
avait ouverte, le plaidoyer sous lequel il avait
succombé, et ses jeunes auditeurs applaudissaient
à cette éloquence. « Que serait-ce donc, s'écria
Eschine, si vous aviez entendu la voix même du
monstre (162)? » A relire aujourd'hui ces deux
beaux plaidoyers, nous comprenons les regrets
d'Eschine, et nous cherchons qui pourrait rendre

à cette langue, morte depuis tant de siècles, l'accent que désespérait de retrouver un contemporain, un des deux acteurs de cette lutte mémorable.

Il y a donc, vous le voyez par ce rapide aperçu, il y a un art de la prononciation à haute voix, de la lecture, de la diction théâtrale, qui a ses difficultés et ses lois; cet art peut être réduit en préceptes et transmis par un enseignement régulier. Il est enseigné chez nous, par des maîtres spéciaux, dans l'établissement que vous connaissez sous le nom de Conservatoire de Musique; on a écrit des livres sur la déclamation, parmi lesquels je citerai le poème de Samson, ancien artiste au Théâtre-Français et professeur au Conservatoire. Naguère encore, M. Legouvé, de l'Académie française, un de nos auteurs dramatiques les plus aimés et véritable maître en diction, publiait sur ce dernier sujet un ouvrage aussi charmant qu'instructif, qui a obtenu un double succès, dans le monde et dans nos écoles.

Il est d'autres besoins auxquels le livre ne peut satisfaire pleinement. Les sciences se sont développées en de telles proportions, qu'un seul homme ne saurait, comme autrefois, s'en approprier l'ensemble, et qu'à plus forte raison il est impossible de renfermer en un seul ouvrage, soit l'histoire de tous les temps et de tous les peuples, soit les connaissances que nous avons acquises sur la nature et les vérités dont se sont enrichies les sciences physiques et les mathématiques. Il y a longtemps que l'on rêve et que l'on essaye des encyclopédies, livres embrassant tout le *cercle de l'instruction*. L'*Histoire naturelle* de Pline l'Ancien fut une tentative de ce genre. Au moyen âge, la science, amoindrie par bien des pertes, a tenté plus d'une fois de s'encadrer, sous des noms divers, dans des encyclopédies, parmi lesquelles on distingue, au temps de saint Louis, celle du célèbre Vincent de Beauvais, divisée en trois parties, une pour l'histoire (*Speculum historiale*), une pour la science de la nature (*Speculum naturale*), une pour la théologie et la philosophie (*Speculum doctrinale*). Au xviiie siècle, la grande *Encyclopédie*, que dirigeaient d'Alembert et Diderot, fut le produit de courageux efforts, pour rassembler et coordonner toutes les connaissances acquises, depuis les origines du monde jusqu'à nos jours.

Elle parut, de 1751 à 1777, en trente-trois volumes in-folio, y compris douze volumes de planches; et, en 1780, s'y ajoutèrent deux volumes de Table analytique. Plus tard, ce vaste ensemble fut subdivisé en autant de parties qu'il contenait de sciences diverses ; et, sous son nouveau titre d'*Encyclopédie méthodique,* il ne forme pas moins de cent soixante-six volumes in-4°. Mais, que d'imperfections et de lacunes, dans cet amas de travaux qu'exécutaient des mains diversement habiles ! Déjà, nul homme, si puissante que fût son intelligence, ne pouvait suffire, je ne dis pas à la rédaction, mais même à la direction d'une telle œuvre. Aujourd'hui, une pareille entreprise devient de plus en plus difficile, et je ne sais personne qui songe à la renouveler. Il faut se résigner à partager le travail et à composer des recueils spéciaux, pour les antiquités grecques et romaines, pour l'histoire littéraire, pour les sciences physiques ou mathématiques, etc.; et chacun de ces ouvrages atteint, à lui seul, de bien larges dimensions. L'histoire des peuples, en s'étendant, pour nous, du monde méditerranéen à toute l'Asie, à l'Amérique, à l'Océanie, embrasse des horizons tellement vastes, que la vue s'y égare et que nous renonçons à les interroger dans tous les sens. Ouvrez n'importe lequel des recueils qui s'appellent une *Biographie générale* ou *Biographie universelle ;* c'est par centaines que vous y compterez des omissions notables. Les souverains de la Chine, par exemple, et les lettrés de l'empire chinois n'y figurent qu'en bien petit nombre, quand ils n'y sont pas complètement oubliés. Et pourtant, l'une de ces Biographies (celle de Michaud) contient, à elle seule, plus de vingt-trois mille notices, nombre qui s'est augmenté dans les recueils du même genre, publiés en ces dernières années. Une des plus intéressantes compilations qui aient été faites, de nos jours, pour répandre la connaissance de tous les pays et de tous les peuples parmi les esprits curieux, c'est *l'Univers pittoresque,* publié chez Firmin-Didot par des savants distingués en chaque branche de l'histoire universelle. Mais ces cinquante volumes in-8°, en fins caractères, ne sont pas, à proprement dire, un livre; ils forment une sorte de bibliothèque en raccourci, où chaque auteur a traité à sa manière la partie du sujet dont il s'était chargé.

Telle est aussi, avec des proportions et sous un format plus modestes, *l'Encyclopédie* ou *Collection des Manuels,* auxquels s'attache le nom du libraire Roret. Elle forme aujourd'hui trois cent quatre-vingt-douze volumes in-12, qui représentent deux cent soixante-douze ouvrages dont plusieurs, selon le besoin, sont accompagnés d'atlas et de planches. Toutes les sciences, tous les arts, toutes les professions ont ou auront leur place, dans cette utile collection qui se renouvelle, s'améliore et se complète chaque jour, suivant les progrès du savoir humain. On peut concevoir des œuvres d'une portée plus haute ; on en trouverait difficilement de plus utiles, car elles s'approprient à tous les besoins d'une nation active et industrieuse.

Tout est-il profit, dans ce développement de l'imprimerie mise au service de la littérature et de la science ? C'est une question que se pose naturellement un esprit impartial, en présence des progrès de l'industrie. Il faut nous y arrêter quelques instants.

Les procédés antérieurs à Gutenberg peuvent nous sembler bien médiocres pour la conservation des connaissances humaines. Ils ont eu pourtant leur grande utilité, qu'on ne peut méconnaître. Le papier imprimé ne doit pas nous faire oublier le marbre et le bronze, sur lesquels on gravait autrefois, et qui sont encore souvent pour nous d'une application utile.

La facilité que l'imprimerie nous procure, pour fixer les souvenirs de l'histoire dans des livres dont la reproduction ne permet guère qu'une page soit exposée à disparaître complètement, cette facilité a eu pour effet de rendre inutile ou moins utile l'usage des inscriptions, et surtout des longues inscriptions. Les Égyptiens, les Assyriens,

les Grecs et les Romains avaient l'habitude, je
vous l'ai dit plus haut, de consigner sur la pierre
ou sur des plaques de métal beaucoup de faits
qui, aujourd'hui, sont consignés dans des livres
et ont toute chance d'échapper à l'oubli. Aussi,
depuis 400 ans, nous ne songeons plus à graver
sur nos monuments des lois, des décrets, des règlements, des comptes de dépense, comme faisaient les anciens peuples civilisés. Les moindres
actes de l'autorité, soit publique, soit municipale,
imprimés et affichés sur les murs, sont ensuite
réimprimés dans des recueils tels que notre *Bulletin des Lois*. Les Grecs, et probablement les Romains, ont quelquefois collé sur les murs des
affiches contenant diverses annonces. Telle est
une feuille de papyrus, datant de l'an 146 avant
l'ère chrétienne, et qui contient le signalement de
deux esclaves, échappés d'Alexandrie, avec l'indication de la récompense promise à celui qui
les ramènerait chez leur maître. Ce document est
l'un des plus précieux que possède notre musée
égyptien (163). Au même ordre appartiennent les
sinistres documents, appelés *tables de proscrip-
tion*, dont Sylla donna le premier exemple à
Rome, et que plus tard imitèrent les trop célèbres triumvirs Antoine, Octave et Lépide : c'était
une liste des citoyens que de cruels vainqueurs

condamnaient à mort sans jugement, et dont la tête était mise à prix. Mais cet usage des affiches paraît être resté très rare. Sur les murs de l'ancienne ville de Pompéi, on trouve tracées au pinceau des recommandations électorales : *Nommons un tel ou un tel* (164). Chez nous, ce genre de recommandation s'étale, imprimé puis collé sur un mur, et Dieu sait combien nous en avons vu de pareils depuis cinquante ans. Après la révolution de 1848, on avait réuni et réimprimé en un gros volume, sous le titre d'*Affiches rouges,* plusieurs centaines de ces documents, qui appartiennent désormais à l'histoire et qui ne pourront plus périr. Les journaux réimpriment aussi la plupart de ces pièces, et les collections de nos feuilles quotidiennes deviennent ainsi des recueils de monuments durables, de véritables archives, où les historiens puiseront sans trop de peine.

L'emploi de la gravure lapidaire pour les documents officiels est donc, chez nous, beaucoup plus rare, parce qu'il est peu utile. Néanmoins on grave encore sur la pierre des tombeaux le nom des morts, quelquefois avec la mention, toujours sommaire, des principaux actes de leur vie et des titres qu'ils ont portés ; souvent aussi, on y ajoute un verset de l'Écriture sainte, des vers à l'honneur du défunt. Il n'est pas sans intérêt de parcourir ces légendes des tombeaux. Elles nous aident à connaître certains usages de nos pères, certains traits de leur caractère moral, certains souvenirs de leur vie de famille (165). De même, on grave sur les monuments publics la date de leur érection, le nom des autorités qui les ont fait élever; ce fut longtemps, en France, un grave sujet de discussion que de savoir si de telles inscriptions devaient être écrites en latin ou en français (166).

Mais, conçues dans une langue ou dans l'autre, elles apportent peu de profit à l'histoire, car les faits qu'elles relatent ont presque toujours été constatés ailleurs, dans les mémoires, dans les histoires générales ou particulières. Pour savoir quand et par qui furent construits nos palais, nos églises, nos édifices municipaux, par qui fut élevée telle ou telle statue à l'honneur d'un grand homme, rarement nous avons besoin de recourir aux inscriptions qu'on y a gravées. Il n'en est pas de même pour les monuments d'une antiquité plus haute que la découverte de l'imprimerie, et surtout pour les monuments des anciens peuples, dont les livres historiques ont péri. Les inscriptions égyptiennes et assyriennes nous offrent aujourd'hui la partie la plus sûre des annales de l'Égypte et de l'Assyrie. La constitution des cités grecques et surtout celle d'Athènes, les institutions religieuses et politiques de Rome, nous sont, en grande partie, connues par les milliers d'inscriptions que l'on a découvertes et que l'on découvre encore chaque jour sur le sol de la Grèce et du monde romain. Il y a, par exemple, telle série d'inscriptions grecques, dont quelques-unes ont plusieurs pages de longueur, et qui nous racontent, pour ainsi dire, la vie de la jeunesse athénienne, durant les deux années de ce qu'on appelait alors l'Éphébie, c'est-à-dire quelque chose d'analogue à nos Écoles spéciales du gouvernement. Les lecteurs auxquels je m'adresse ne peuvent que s'intéresser à ce tableau de la vie que menaient leurs devanciers dans Athènes. Ils trouveront, s'ils veulent y recourir, dans ces documents, rendus à la lumière depuis vingt ans à peine, les règlements de cette école de la jeunesse, les actes par lesquels élèves et maîtres se rendaient le témoignage réciproque de leur zèle à remplir leurs devoirs, des sentiments qui les unissaient entre eux. On aime à voir là toute la variété des exercices gymnastiques et littéraires, par lesquels ces jeunes gens se préparaient à entrer dans la vie, la mention des écoles qu'ils fréquentaient, et, chose particulièrement notable pour nous, dans l'esquisse que nous traçons, des donations de livres, faites par les *Éphèbes* aux gymnases où se complétait ainsi leur éducation (167).

Cette comparaison, entre les inscriptions sur pierre et les documents conservés par l'écriture, sur diverses espèces de papier, et surtout par l'imprimerie, ne doit pas vous laisser croire qu'aucun livre imprimé ne puisse disparaître. Beaucoup de livres sont imprimés à très petit nombre d'exemplaires ; et, de ce peu d'exemplaires, il ne reste quelquefois que deux ou trois dans les bibliothèques ; quelquefois même il n'en reste plus un seul, soit qu'ils aient été détruits, dès leur apparition, par l'autorité publique, soit que l'auteur et son ouvrage n'aient pas mérité l'attention des amateurs, et aient fini par tomber dans l'oubli. En voici un exemple. Le poète Pierre Poupo, qui vivait au xvi⁰ siècle et qui n'a pas laissé une réputation durable, ne nous est connu aujourd'hui que par la notice qu'avait écrite sur lui un savant du xvii⁰ siècle, Guillaume Colletet (168) ; et le recueil même des notices écrites par Colletet, recueil qui n'avait jamais été publié intégralement, a péri en 1871, dans l'incendie de la bibliothèque du Louvre. De destruction en destruction, on voit que certains souvenirs peuvent encore être anéantis, même durant les siècles où tant d'inventions se multiplient, pour assurer la perpétuité des travaux de l'esprit humain. Mais, Dieu merci! de tels exemples sont assez rares; et l'on aime à croire que, depuis quatre siècles, pas un seul livre digne de la postérité ne manque sur les rayons de nos bibliothèques.

CHAPITRE XI

LES VENDEURS, LES ACHETEURS ET LES PRÊTEURS DE LIVRES.

Associations diverses pour la publication des livres. — La Société de l'Histoire de France. — La Société des Bibliophiles. — Le grand libraire et le bouquiniste. — Différentes classes d'acheteurs. — La bibliothèque d'Alexandrie, jugée par un philosophe. — Les ancêtres grecs et romains de nos bibliophiles modernes. — Cicéron, Plutarque, Longin, Cassiodore, Charlemagne, Alcuin. — La Bible latine de Théodulphe. — Le catalogue des livres de Photius. — La bibliothèque de saint Louis à la Sainte-Chapelle. — Le prêt des livres. — La bibliothèque de Sorbonne et celle de Richard de Bury. — La Librairie du roi Charles V, au Louvre. — Précieuse collection du duc de Berry. — Les manuscrits et les imprimés, double trésor des bibliothèques.

Après la revue, que nous venons de faire, si incomplète qu'elle soit, des richesses que possèdent, en tous genres de livres, les peuples civilisés et, en particulier, la France, mes chers lecteurs doivent se sentir un peu étourdis et embarrassés par tous les souvenirs que ce spectacle réveille, par toutes les séductions qu'il offre à leur curiosité. Innombrables sont les producteurs et les vendeurs de livres; plus innombrables encore sont les acheteurs. On voudrait les distribuer avec méthode, en classes et en familles.

La production des livres a bien des causes et prend bien des formes.

Tantôt un livre est composé, comme l'on dit, de première main, avec la science et les idées de l'auteur; tantôt c'est une compilation, un recueil, un abrégé des idées d'autrui; tantôt, on imprime un texte ancien ou moderne, qui n'avait pas encore vu le jour et qui reposait, plus ou moins ignoré, dans une bibliothèque; tantôt on reproduit, avec des soins et un luxe particuliers, l'ouvrage d'un auteur déjà connu. A ces diverses formes de publication se consacrent, selon leurs ambitions diverses, les libraires et les imprimeurs. Quelques-uns ne sont pas seulement ambitieux de s'enrichir, mais jaloux de s'honorer, et ils mettent leur amour-propre à ne publier que des livres dignes d'être recherchés par les gens de goût. Mais les amateurs de bons et beaux livres n'attendent pas toujours qu'un libraire les leur offre; ils se font honneur d'en procurer la publication par de généreux sacrifices d'argent. Les bibliophiles, surtout de notre temps, aiment à se former en société, pour faire imprimer des

séries de volumes à leur convenance et à leur
usage. Ces libres associations n'ont pas toutes le
même caractère. Les unes ont en vue la science ;
telle est celle qui se fonda chez nous, en 1833,
sous le titre de *Société de l'Histoire de France*,
et qui a déjà publié plus de 180 volumes de documents relatifs à notre histoire, réimpressions
de nos vieux chroniqueurs latins ou français, impressions de mémoires, de correspondances, etc. ;
le tout, accompagné d'un *Annuaire*, plein de
pièces intéressantes et utiles. D'autres sociétés
de bibliophiles ont un objet plus restreint ; elles
songent un peu moins à la science proprement
dite qu'à la curiosité ; elles font imprimer ou
réimprimer, mais à petit nombre d'exemplaires,
des pièces rares, de celles qu'on appelle introu-
vables et qui, même après cette reproduction,
restent encore des raretés : telle est, chez nous, la
Société des Bibliophiles, qui a son Bulletin, ses
imprimeurs, ses relieurs d'élite ; elle se compose
de membres qui se recrutent par l'élection, mais
elle ne borne pas ses tirages au chiffre de ses
membres ; elle permet aux amateurs du dehors,
s'ils ne craignent pas trop la dépense, d'orner
leurs bibliothèques, en achetant des livres d'un
si bon choix et qui ont la garantie de si habiles
connaisseurs. Certains clubs anglais poussent

plus loin, disons trop loin même, l'égoïsme du bibliophile. Ils ne font tirer leurs publications qu'en nombre justement égal à celui des membres dont chacun d'eux se compose; et, comme chaque membre est ordinairement un riche, un grand seigneur, très jaloux de son privilège, incapable de jamais vendre le livre qui lui revient à titre de souscripteur, vous voyez que ce livre n'entrera qu'après la mort du propriétaire dans le domaine public. De tous les égoïsmes, celui-là, sans doute, est le plus innocent, surtout quand les pièces ainsi imprimées n'ont qu'une médiocre valeur scientifique, et quelquefois même ne seront jamais lues par l'heureux privilégié qui les possède. Mais, en somme, il faut réserver nos éloges pour les amateurs de livres qui encouragent la science et la librairie d'une façon plus libérale. A ce titre, je veux vous signaler encore la *Société pour la publication des anciens textes français,* qui s'est formée chez nous en 1874, par l'union de collaborateurs et de souscripteurs volontaires, et qui a déjà publié ainsi une dizaine de volumes fort précieux pour l'histoire de notre littérature, comme pour celle de notre langue.

Quant aux vendeurs, dont il faut aussi nous occuper, il y en a plusieurs classes, depuis l'éditeur et libraire opulent, dont les magasins occupent tout un îlot de maisons dans nos grandes villes, jusqu'au simple bouquiniste, qui entasse dans une échoppe des livres de toutes conditions, le plus souvent malpropres et à bon marché, ou qui les étale dans des cases de bois, sur les parapets de nos quais, où ils subissent tour à tour les injures du soleil, de la poussière et de la pluie. Il y a plusieurs classes d'acheteurs, qui s'approvisionnent en ces divers magasins. On compte même bien des gens qui ont besoin de livres et qui, n'ayant point d'argent pour en acheter, se résignent à venir étudier, pour quelques sous, dans ce qu'on appelle un cabinet de lecture. Ces divers industriels et ces divers lecteurs mériteraient des chapitres à part, dans l'histoire que j'essaye de raconter, mais qui s'élargirait outre mesure, si je me laissais aller au plaisir des descriptions détaillées et à l'attrait des anecdotes piquantes. Par exemple, j'ai sous les yeux un charmant petit volume intitulé : *Voyages littéraires sur les quais de Paris;* l'auteur, M. de Fontaine de Resbecq, était un de ces chefs de bureau qui, restés amis des lettres, au milieu d'occupations souvent ingrates, cherchent volontiers, avant l'heure du dîner, une distraction agréable, en longeant les quais et en explorant les boîtes des étalagistes. Il y faisait souvent des acquisitions utiles, parfois même d'importantes découvertes; et il nous a donné dans ce petit volume comme le Manuel du flâneur bibliophile. Voulez-vous avoir, d'après lui, une idée de ce petit commerce en plein air? Il en a dressé la statistique pour 1857. Entre le quai d'Orsay et le quai de la Tournelle, il y a 68 bouquinistes, qui se partagent 1020 boîtes environ, longues chacune de 1 mètre; à raison de 75 à 80 volumes par boîte, le total des volumes exposés s'élève à 70,000, dont la vente, d'après les évaluations d'un juge que l'on dit compétent, atteindrait un total d'environ 400,000 fr. par an. Voilà une statistique qu'il ne faut pas prendre à la rigueur et qui, d'ailleurs, ne s'étend pas aux étalagistes de nos rues et de nos boulevards. Elle n'est pourtant pas sans intérêt; on aimerait même à suivre le flâneur, dans ses observations sur le sort des bouquins exposés, sur l'ignorance ou la malice des vendeurs en plein vent. Mais il vaut mieux vous renvoyer, lecteurs, à ces amusants souvenirs, et poursuivre notre revue historique des bibliophiles et des bibliothèques.

Sénèque le philosophe, dans un livre sur la *Tranquillité de l'âme*, traite avec un singulier mépris les 400,000 volumes qui formaient la grande bibliothèque d'Alexandrie : il n'y voit que le luxe d'une royale vanité (169). A ce compte, il aurait pu dédaigner aussi les riches bibliothèques de Rome qui, cependant, offraient tant de ressources à toutes les classes de curieux, et où ses propres livres devaient un jour figurer, parmi les plus recherchés des lecteurs; avec plus de raison, il se moque de ces collectionneurs de livres, qui n'en font que l'ornement de leurs salles à manger, et qui n'en estiment guère que la reliure : c'est là une manie, dont nos sociétés modernes offriraient bien des exemples.

En général, il faut avouer qu'il y aurait peu de grandes bibliothèques, si l'on n'achetait jamais que les livres dont on fera sérieusement usage. Quand le Romain Larentius, au iie siècle de l'ère chrétienne, réunissait chez lui trente-cinq mille volumes, sans doute cet opulent personnage ne songeait pas à les lire tous; il cédait simplement à une honnête manie (170). Vers le même temps, Lucien le satirique insulte, avec une ironie mordante, un riche qui amassait dans sa bibliothèque, et cela sans pouvoir les apprécier ni s'en servir, des centaines de beaux manuscrits. Le bibliomane (celui qui a la folie des livres) n'est donc pas un personnage né tout juste de notre temps. L'acheteur et amateur judicieux de livres a aussi son modèle dans l'antiquité. Cicéron, apparemment, était de cette famille, lui dont les ouvrages témoignent d'une lecture si intelligente et si variée et qui, avec le secours de son ami Atticus, entretenait sa riche bibliothèque dans un si bel ordre (171). Un siècle après Cicéron, le biographe et moraliste Plutarque devait avoir aussi un goût éclairé pour les livres utiles, à en juger par les centaines d'auteurs que tour à tour il cite, dans les nombreux écrits de sa main qui nous sont parvenus. Au siècle suivant, le célèbre Longin, qui fut ministre de la reine Zénobie, était appelé par Plotin « une bibliothèque vivante et une académie ambulante ». Cela suppose une immense mémoire, et un goût bien actif pour les trésors qu'on accumule dans les bibliothèques.

L'invasion des Barbares, nous l'avons déjà observé, jeta plus tard bien du désordre et du découragement, dans ces sociétés de lettrés dont le monde ancien était rempli. On ne voit pas, cependant, que l'amour des livres ait jamais disparu, même au milieu des plus terribles convulsions sociales et politiques. Un ministre des rois goths de l'Italie, Cassiodore, jeté loin des affaires par la chute de ses maîtres, faisait du lieu de sa retraite, le monastère de Viviers, en Calabre, un grand atelier de copistes, où l'on reproduisait, sous sa direction, des livres soit religieux soit profanes (172). Charlemagne, au VIIIᵉ siècle, s'entourait de savants, instituait des écoles et, pour le service de ces écoles, faisait multiplier aussi les copies d'ouvrages anciens; le moine irlandais Alcuin fut le héros de cette cour savante, et son nom mérite d'être conservé comme celui d'un véritable bienfaiteur de l'esprit humain (173). Les manuscrits de ce temps ne se distinguent pas, il est vrai, par leur belle exécution; l'écriture y manque d'élégance et les ornements y sont rares. Mais, bientôt, on voit reparaître le goût de la calligraphie, de la peinture et des riches reliures qui, peut-être, n'avait jamais disparu dans l'Orient grec, et qui reparut dans l'Occident sous les successeurs de Charlemagne. Au IXᵉ siècle, je rencontre un savant évêque d'Orléans, Théodulphe, qui fait exécuter pour son usage des manuscrits de la plus exquise élégance (174). Deux exemplaires subsistent aujourd'hui de sa Bible latine : l'un, au trésor de la cathédrale du Puy; le second, à notre Bibliothèque nationale de Paris. Ces deux livres, si semblables l'un à l'autre, qu'on les prendrait pour deux exemplaires d'un même ouvrage, imprimé par quelque Gutenberg ou par quelque Robert Estienne, sont écrits d'un bout à l'autre avec une

rare perfection, ornés d'arabesques et de miniatures; et ils nous sont, de plus, parvenus avec
la reliure du temps, comme on le voit par d'assez
mauvais vers latins, dont je vais vous donner la
traduction, et qui contiennent, outre une touchante prière, la description même de la couverture :

« Lecteur, puisses-tu vivre heureux longtemps en Dieu, et n'oublie pas, je te prie, ton
ami Théodulphe. Voilà l'ouvrage fini; à ceux qui
l'ont achevé je souhaite, ainsi qu'à toi, lecteur,
la paix, la vie et le salut. Théodulphe a construit
cette œuvre, pour l'amour de celui dont la loi
bénie resplendit de l'éclat des pierres, de l'or et
de la pourpre; et, sous ce vêtement, il brille d'un
éclat encore plus glorieux. »

Vers le même temps, en Orient, le célèbre patriarche Photius, l'auteur principal du schisme
religieux qui a séparé l'Église grecque de l'Église
romaine, s'était formé une très nombreuse bibliothèque de livres théologiques et d'auteurs
profanes. Il en a dressé lui-même le catalogue
analytique où, peu soucieux de calligraphie et
de reliure, il s'occupe seulement de nous faire
connaître le contenu de ses livres. C'est, pour
nous, un ouvrage unique en son genre et très
instructif; car le studieux patriarche avait entre

les mains et « avait lu », comme il l'atteste lui-même, en tête de chaque article, des centaines d'ouvrages aujourd'hui perdus, et qui ne nous sont plus connus que par les extraits qu'il nous en a transmis.

Quatre siècles plus tard, je vois le bon roi saint Louis, assis dans une salle adjacente à la Sainte-Chapelle, où il a réuni une centaine, peut-être, d'exemplaires de la Bible et des Pères. Quand s'offre pour lui l'occasion d'acheter un nouveau livre, il « aime mieux, dit-il, en faire prendre une copie, car ce sera un livre de plus, qui pourra circuler et servir à d'autres lecteurs. » Dans sa bibliothèque, petite à nos yeux, mais grande pour le temps, il admet volontiers quelques lecteurs venus du dehors. On ne voit pas qu'il se hasarde jusqu'à prêter des livres, genre de charité recommandé, de son temps même, par un concile de Paris (en 1212), mais qui n'était pas sans péril, car combien de fois s'est vérifié le proverbe : « Livre prêté, livre perdu. » Mais, contre le proverbe, on a de tout temps su prendre des précautions. La bibliothèque de Sorbonne prêtait ses livres, même au dehors; et, si elle n'exigeait pas, comme quelques autres, le dépôt d'une ou deux pièces d'or, pour garantie du livre emprunté, du moins on y tenait avec.

soin le registre des prêts, sur lequel chaque livre était indiqué, avec une précision suffisante pour qu'il ne pût être changé par l'emprunteur. Ces sages règlements furent imités par le célèbre Richard de Bury, évêque de Durham, lorsqu'il voulut assurer, en 1343, la conservation de ses livres dans la bibliothèque de l'Université d'Oxford, à laquelle il en faisait don (175). Alors, d'ailleurs, comme aujourd'hui, certains livres précieux ne devaient pas franchir l'enceinte des bibliothèques; et même, pour les protéger contre tout larcin, à leur solide reliure était attachée une chaîne, que l'on scellait aux pupitres préparés pour les lecteurs. Plusieurs vieilles reliures conservent encore la trace de cette dernière précaution, qu'une juste surveillance a rendue inutile.

A la fin du XIVe siècle, le roi Charles V, qui avait plus d'un titre au surnom de *Sage*, fut aussi un bibliophile judicieux et libéral. C'est lui qui commanda pour son usage, à divers savants, la traduction de plusieurs ouvrages latins ou grecs; ces derniers étaient, d'ordinaire, mis en français d'après des traductions latines. Charles V, d'ailleurs, ne faisait pas seulement travailler les érudits, les copistes, les *imagiers* ou enlumineurs et les relieurs, pour s'entourer de beaux et bons livres; il aimait les livres pour son instruction personnelle. Nous en avons vu plus haut un exemple touchant (176).

L'un des frères du roi Charles V, Jean, duc de Berry, à l'exemple de ce prince, avait la passion des beaux manuscrits; il en avait réuni plus de 300, soit par des achats et des échanges, soit en les faisant exécuter à grands frais, sous ses yeux, par d'habiles artistes. Trois catalogues existent encore de cette précieuse collection (ils sont datés de 1402, 1412 et 1416); mais on peut encore mieux en apprécier la richesse par les 100 volumes ou environ qui en sont conservés, soit dans notre Bibliothèque nationale, soit dans celles de quelques amateurs.

Ces souvenirs nous amènent bien près du temps où l'imprimerie allait paraître. Dès lors, on peut dire que toute bibliothèque se divise en deux fonds : l'un, des livres manuscrits, l'autre, des livres imprimés. Double était donc la tentation des amateurs, et double la dépense que leur imposait l'amour des livres. Mais aussi, le nombre des bibliophiles augmentait avec les facilités qu'apportait l'industrie de Gutenberg; les rois, les papes et les abbés de riches monastères ne furent plus seuls jaloux de former des bibliothèques; les ministres des rois s'associèrent à cette noble ambition. Des magistrats, des savants de tout ordre formèrent, pour leur usage, des collections de livres en toutes langues, ouvrirent un commerce régulier de lettres avec leurs confrères, en France et à l'étranger. Tel d'entre eux, comme Fabri de Peiresc (177), le fit uniquement par amour de la science ; tel autre, comme Gabriel Naudé, successivement bibliothécaire de plusieurs personnages importants, devint plus tard le pourvoyeur intelligent d'un ministre, qui mettait son orgueil à fonder une bibliothèque digne de prendre et de perpétuer son nom (178).

CHAPITRE XII

LES BIBLIOTHÈQUES PUBLIQUES ET LES BIBLIOTHÈQUES PRIVÉES.

La bibliothèque Mazarine, la première qui ait été ouverte au public en France. — Les éditions *princeps*. — Les incunables. — La collection de manuscrits et d'imprimés d'Ambroise-Firmin Didot. — Destinée de la plupart des bibliothèques privées; leur dispersion utile à la science et aux lettres. — Égoïsme de certains bibliophiles. — Un appartement envahi par les livres. — Conseils pour la formation d'une bibliothèque. Ouvrages divers sur le même sujet. — Conclusion. — Prière au lecteur.

Notre Bibliothèque nationale a, pour principal fonds de ses richesses, en manuscrits et en vieilles impressions, les collections qu'avaient jadis formées, soit des particuliers comme De Thou, soit des ministres comme le grand Colbert. Mazarin avait mieux fait encore, dans sa passion de bibliophile magnifique. S'il s'était créé une collection alors incomparable de beaux et bons livres, ç'avait été pour l'ouvrir au public. Une inscription latine, gravée sur la porte d'une des salles de cette bibliothèque, et qu'on y lit encore, atteste qu'elle fut le premier exemple d'une telle libéralité (*Publicarum in Gallia primordia*).

L'exemple donné par Mazarin en 1643 était suivi, en 1652, par la bibliothèque de l'abbaye de Saint-Victor. Il ne le fut qu'en 1737 par la Bibliothèque royale. L'usage d'ouvrir au public toute bibliothèque de quelque importance, appartenant à l'État ou à des corporations savantes, usage renouvelé à vrai dire de l'antiquité (179), a beaucoup étendu, pour tous les esprits studieux, le bienfait de ces utiles fondations.

En Italie, dès la renaissance des lettres, les bibliothèques de Rome, de Florence, de Milan, s'étaient de bonne heure ouvertes, plus ou moins discrètement, aux savants capables d'en utiliser les trésors; en Espagne, avec moins de libéralité; plus facilement en Autriche, et surtout à Vienne; au centre et au nord de l'Allemagne; en Danemark; en Angleterre, surtout à Oxford; en Suède et en Norvège; enfin, dans l'Europe orientale, surtout à Moscou et à Saint-Pétersbourg, de savants conservateurs élargirent et enrichirent les dépôts confiés à leurs soins. Quelquefois, ils rédigèrent eux-mêmes des catalogues, surtout les catalogues des manuscrits, travail qui exige des efforts particuliers de savoir et de patience.

Notre Bibliothèque nationale à Paris rivalise de zèle, à cet égard, avec les plus grandes bibliothèques de l'Europe. Elle publie en ce moment le catalogue de ses manuscrits orientaux. Elle vient d'achever celui des livres imprimés sur l'Histoire de France. Chacun des cinq départements dont elle se compose, manuscrits, imprimés, estampes et gravures, cartes et plans, médailles et antiquités, étend et améliore ses services, met de mieux en mieux à la disposition du public les innombrables instruments d'étude dont il a la garde. — Mais peut-être devons-nous avouer que, dans ce progrès, nous sommes aujourd'hui dépassés par l'administration du British Museum, à Londres, où les libéralités du budget ont permis de réaliser, en très peu d'années, de grandes améliorations. La bibliothèque du British Museum ne date que de 1753, et elle eut pour premier fonds celle de sir Hans Sloane; et, entre autres accroissements, elle reçut, en 1823, la bibliothèque dont le roi Georges IV avait hérité de son père. Trente-quatre ans après, de nouveaux bâtiments, construits en fer et en brique sur les plans de l'habile conservateur Panizzi, s'ouvrirent pour les 800,000 volumes imprimés qu'elle réunissait, sans compter les manuscrits; et ces bâtiments, qui n'ont pas coûté

moins de 3,750,000 fr., sont appropriés de la manière la plus heureuse, et au service public des
lecteurs et à l'accroissement prévu, d'environ
20,000 volumes par chaque année (180).

On voit que, presque toujours, une bibliothèque publique n'est que le développement d'une
bibliothèque privée. Mais les collections de ces
grands amateurs qui, eux-mêmes, avaient peu le
temps d'étudier et de lire, ne sont pas, à proprement parler, des bibliothèques privées. De celles-
ci, les variétés sont nombreuses et méritent d'être
signalées à votre attention.

Et d'abord, avoir des livres, ce n'est pas avoir
une bibliothèque. Je sais des savants, et de bien
considérables, qui achètent les ouvrages nécessaires à leurs études, rien de plus ; qui ne prennent aucun souci de les tenir en bon ordre et en
bon état, les négligent et, quelquefois, les reven-
dent à mesure qu'ils n'en ont plus besoin, à peu
près comme le vieux Caton, ce héros de l'ancienne Rome, qui écrit quelque part, dans son
traité de l'Agriculture : « Que le bon économe
vende le vieux fer, qu'il vende le bœuf et l'esclave hors de service (181). » C'est là manquer
de respect pour les livres, ce n'est pas avoir une
bibliothèque.

D'autres ne réunissent pas seulement les ouvrages utiles, mais ils les font relier avec soin, sinon avec luxe, selon la mesure de leur fortune. Ils y joignent parfois, pour s'assurer des distractions agréables et faciles, quelques ouvrages étrangers à la science qu'ils cultivent; ils ne dédaignent pas de les aligner avec soin, sur des rayons d'acajou, de noyer ou de chêne, et même de les enfermer dans des armoires vitrées, pour les protéger contre la poussière. Ces savants-là sont un peu bibliophiles.

Or, il y a bien des manières d' « aimer les livres ».

Tel bibliophile recherche les premières éditions de chaque auteur, ce qu'on appelle les éditions *princeps,* qui ne sont pas toujours les meilleures. Quelquefois aussi, il poursuit ce qu'on appelle des *incunables,* c'est-à-dire les plus anciens spécimens de la typographie, les imprimés antérieurs ou peu postérieurs à l'an 1500 de notre ère. Il aime à suivre, sur ces spécimens, les premiers essais et les perfectionnements successifs de l'imprimerie. Ainsi faisait jadis A.-A. Renouard, à la fois imprimeur habile et bibliographe passionné, qui s'était voué spécialement à la recherche de toutes les éditions sorties de l'atelier des Alde; tel fut, plus près de nous, avec une critique et une érudition encore supérieures, Ambroise-Firmin Didot.

helléniste et historien de l'art qui avait illustré sa famille, et qu'il connaissait en praticien jusque dans les moindres détails. A.-F. Didot s'était formé, à grands frais, une instructive collection de tous les documents, manuscrits ou imprimés, qui pouvaient servir à ses recherches. Non moins curieux de la forme que du fond, il aimait à orner ses livres des plus solides et des plus riches reliures; mais surtout il les lisait, il les interrogeait sans cesse, pour éclairer tous les recoins d'une histoire de la typographie, dont il a écrit un résumé très intéressant.

Il y a le bibliophile qui s'attache à une classe particulière d'écrits, par exemple aux ouvrages dramatiques, comme firent de notre temps M. Guilbert de Pixerécourt et M. de Solennes; les catalogues de leurs bibliothèques, rédigés, soit de leur vivant, soit après leur mort, sont comme autant de bibliographies spéciales, et ont par eux-mêmes un véritable intérêt pour les historiens de la littérature. Vous aurez une idée de la quantité des pièces de théâtre qui ont été imprimées, si je vous dis que notre Bibliothèque nationale en possède *vingt-cinq mille,* à l'état de publications isolées, sans compter les recueils.

Quelques amateurs se prennent d'une passion particulière pour un seul écrivain, ou même pour un seul de ses ouvrages. On a vendu récemment, à Paris, une collection qui ne renfermait que des éditions des *Provinciales* de Pascal, mais qui les renfermait toutes, autant du moins qu'on peut être sûr d'avoir connu et pu acquérir toutes les éditions d'un livre si souvent réimprimé, si souvent traduit en diverses langues.

Un philosophe et grand écrivain de notre temps, Victor Cousin, avait réuni, à force de recherches et de dépenses, tous les chefs-d'œuvre des littératures classiques, tous les grands monuments de la pensée humaine. Il en possédait les meilleures et les plus belles éditions, reliées avec un goût exquis. Sa bibliothèque était véritablement un musée de la science et de la littérature ; et, si le public n'en a pas beaucoup joui de son vivant, il n'a pas perdu pour attendre ; car, par son testament, l'heureux possesseur léguait ce trésor à l'Université, et il en assurait la conservation en léguant aussi les fonds nécessaires pour l'entretenir et pour en faciliter l'accès à des lecteurs d'élite, sous la surveillance d'un bibliothécaire. Moins élégante et d'un choix moins raffiné, la bibliothèque que J.-V. Le Clerc léguait naguère à l'Université, n'a pas été moins utile pour nos étudiants parisiens. Elle contenait environ quinze mille volumes ; elle abondait surtout en auteurs grecs, latins, français et italiens, en écrits sur l'histoire littéraire. Le savant et généreux donateur méritait bien que, selon un usage renouvelé de l'antiquité romaine (182), son buste figurât dans l'une des salles de la bibliothèque publique, qu'il avait si libéralement enrichie. Voilà deux bien nobles exemples. Je les cite, parce qu'ils sont de date récente, et parce qu'ils touchent aux intérêts les plus chers et les plus élevés du corps qu'avaient illustré M. Le Clerc et M. Cousin. Mais, en remontant le cours des siècles, on retrouverait beaucoup d'exemples de ces collections de livres légués à des villes, par des hommes de savoir et de goût. Telle fut, dès l'antiquité, la bibliothèque dont Pline le Jeune fit présent à la ville de Côme, en son nom et au nom de ses parents; il l'avait inaugurée par un discours, qu'il publia plus tard et dont la révision l'avait fort occupé, comme on le voit par la lettre qu'il écrit sur ce sujet à un de ses amis (183).

Bien des bibliothèques privées, ou plutôt presque toutes, sont, par la force des choses, condamnées à la dispersion, après la mort de leurs propriétaires. Si celui-ci a laissé plusieurs héritiers, à moins de clauses bien particulières de son testament, il faut que la bibliothèque soit mise en vente et, comme l'on dit alors, dispersée au vent des enchères. Ce n'est pas sans tristesse qu'on assiste à de tels spectacles. Un homme de lettres a dépensé une grande partie de sa fortune à former sa belle et bonne bibliothèque ; il l'a curieusement augmentée, embellie avec amour, appropriée ingénieusement à son usage, souvent ouverte à tous ceux qui avaient besoin de ses livres ; il a mis là beaucoup de son esprit et de son âme ; il a marqué maint volume de sa signature ; ou bien, il y a imprimé quelque charmante devise, comme celle du bibliophile lyonnais Groslier : *Groslieri et amicorum* (à Groslier et à ses amis). Un jour vient, où le trésor amassé avec tant de soin sera morcelé, sous l'œil d'un commissaire-priseur, et où ses débris passeront en d'autres mains, pour servir à former de nouvelles collections. Un catalogue restera la seule et imparfaite image de l'œuvre, qui a coûté tant de dépenses et tant d'efforts. Mais, il faut l'avouer, ce partage, douloureux à prévoir pour le savant qui ne peut le conjurer, n'est pas sans quelque profit pour la science et pour les lettres ; il permet que certains livres rares et précieux, qui seraient peut-être oubliés dans les mains d'un héritier négligent, ou qui, légués à une bibliothèque publique, y seraient restés sans emploi durant des années entières, arrivent tout droit, après la vente, aux mains d'un savant capable de s'en servir.

D'ailleurs, la passion du bibliophile n'est pas toujours exempte d'égoïsme, et d'un égoïsme qui va parfois jusqu'à la cruauté. J'ai connu un savant qui avait la manie d'accaparer, aux enchères publiques, tous les exemplaires des livres qu'il savait très rares, et qui se plaisait à les enfouir dans les recoins de sa bibliothèque. Comme il prêtait peu, la vente publique de ses livres a remis en circulation maint volume qui, jusque-là, était resté inutile sur les rayons bien clos de son cabinet d'étude. C'est pour les amateurs de cette famille que l'on a inventé le nom expressif de *bibliotaphes*. Il pourrait s'appliquer à bien des variétés d'*enterreurs de livres,* depuis celui que décrit plaisamment La Bruyère dans son chapitre *de la Mode,* jusqu'à ce comte d'Estrées dont Saint-Simon nous raconte la singulière manie. Dans l'antiquité ce travers étrange était connu et condamné comme un crime. Témoin Isidore de Péluse, auteur chrétien du ve siècle, qui, dans une lettre à Simplicius, reproche à son ami de n'acheter des livres que pour les « enterrer » dans un réduit où ils ne servent qu'à nourrir les vers au lieu de servir à l'instruction des honnêtes gens (184).

Honorons, au contraire, le bibliophile opulent.

et en même temps curieux de toute espèce de lectures, connaissant plusieurs langues, et par là
même séduit à lire des productions d'autant de
littératures, dans leurs langues originales. Paris
en a vu un (c'était un ancien notaire, M. Bou-
lard) qui, dans son ardente passion, accumulait
sans cesse des livres de toutes conditions et de
tous formats, au point que sa maison s'en trouvait remplie, du rez-de-chaussée au grenier. Chaque année, l'excellent homme réduisait ainsi
la part de sa femme et de ses enfants, dans cette
maison qu'envahissait l'innombrable famille de
ses livres. Le catalogue qu'on en dressa, pour
la vente publique, forme onze ou douze volumes.

Non moins intéressant, ou plus intéressant encore, est le conservateur d'une bibliothèque publique, qui se passionne pour le dépôt dont la
garde lui est confiée; jaloux, non seulement de
le conserver en bon état, mais de l'enrichir par
des acquisitions judicieuses, capable d'en bien
connaître tous les rayons, d'en former ou d'en
perfectionner le catalogue, de chercher et de
trouver sûrement tous les livres qu'on lui demande, ceux mêmes qu'on ne lui demande pas,
mais que sa science obligeante signale aux lecteurs inexpérimentés. Ce dernier service, il ne
faut guère l'attendre que du conservateur d'un

dépôt spécial (médecine, jurisprudence, ou autres sciences); car les dépôts trop nombreux et qui comprennent une trop grande variété de livres, écrasent, par leur richesse même, la mémoire et l'activité du conservateur le plus dévoué. Heureusement, en pareil cas, il a toujours des auxiliaires, qui ne manquent ni de zèle ni d'intelligence. Nous nous rappelons tel homme de service, qui avait vieilli dans une bibliothèque du quartier latin et qui, à force de répondre, avec l'aide du catalogue, à d'innombrables demandes, à force d'interroger des titres et d'observer la couverture des livres, avait fini par se rendre le plus précieux des guides pour ses clients. Ces habitués, il s'en était fait des amis, il avait pour eux des attentions et des obligeances quelquefois peu conformes au règlement, mais si profitables à l'intérêt des étudiants, que son chef faisait bien de fermer les yeux sur de telles contraventions.

Après tous ces développements, je prévois, lecteurs, que vous allez me demander comment, à votre tour, vous devez vous former une bibliothèque.

Notre Bibliothèque nationale de Paris contient environ deux millions de volumes; et certes, si elle renferme à peu près tous les livres publiés

en France, il y manque bien des milliers d'ouvrages publiés hors de notre pays. Le *Journal
de la Librairie,* qui constate officiellement toutes les publications faites en France, contient
12,764 articles pour l'année 1877 et 12,823 articles
pour l'année 1878. C'est vous dire au milieu
de quelle effrayante abondance il faut aujour-
d'hui faire un choix, quand on veut se former
une bibliothèque; mais il y a longtemps qu'un
pareil choix est devenu difficile. Dans un précédent chapitre, je vous ai parlé des grandes
bibliothèques, soit publiques soit privées, que
renfermaient les principales villes du monde ancien, Athènes, Alexandrie, Pergame et Rome.
Quand les livres s'y comptaient par mille et par
centaines de mille, un acheteur tant soit peu jaloux de ne pas perdre son argent à de vaines
acquisitions, et son temps à d'inutiles lectures,
avait grand besoin de conseils judicieux, pour
n'être pas trompé par les libraires, ou séduit par
d'innocentes mais futiles curiosités. Aussi voit-
on que, de bonne heure, des grammairiens se don-
nèrent la tâche de diriger les amateurs de livres.
Tel fut, au commencement de l'ère chrétienne,
un certain Artémon, fort obscur d'ailleurs, qui
avait écrit un manuel sur l'art de « rassembler
des livres » et un autre sur « la manière de s'en

servir » (185). Ces sortes de manuels se sont bien multipliés depuis. A la fin du moyen âge, on trouve le *Philobiblion* de Richard de Bury.

Au xviie siècle, le Hollandais Salden publiait son traité latin *de Libris varioque eorum usu et abusu*, 1688. En 1772, l'abbé Chaudon publiait la *Bibliothèque d'un homme de goût, ou avis sur le choix des meilleurs livres écrits en notre langue sur tous les genres de science et de littérature*, ouvrage qui a été plusieurs fois réimprimé, avec des remaniements et des additions de toute sorte. Ce sont là de précieux guides. On rendrait grand service à la jeunesse de notre siècle, si on lui en préparait de semblables. Je n'ai pas l'ambition de remplir cette tâche. Il faudrait, d'ailleurs, la diviser, pour rendre un manuel de ce genre vraiment utile à chacune des vocations que peut suivre une studieuse jeunesse (186). Pardonnez-moi donc de me borner à quelques conseils un peu généraux, mais qui, du moins, s'appliqueront à tous les âges et à toutes les variétés d'études.

On raconte qu'une femme d'esprit partageait ses amis en trois classes : « J'en ai, disait-elle, que j'aime beaucoup, et que je ne vois jamais trop souvent ; j'en ai que je n'aime guère, et qui ne me causent pas grande peine, en venant rarement me voir ; j'en ai que je n'aime pas du tout,

et qui me font plaisir en m'épargnant leurs visi-
tes. » Ce partage peut assez bien s'appliquer aux
livres d'une bibliothèque. Il y en a beaucoup
d'inutiles, qu'il ne faut point acheter, qu'on a pu
recevoir d'une main amie et que l'on conserve
par égard pour le donateur, mais qu'on ne lira
jamais. Il y en a qui, par leur nature, sont faits
pour être seulement consultés, livres pourtant
nécessaires, qu'il faut bien avoir sous la main, si
l'on ne veut être obligé, pour la moindre recherche, de sortir de chez soi et d'entrer dans une
bibliothèque publique. Enfin et par-dessus tout,
il y a les livres d'un usage journalier, ceux qu'on
lit et relit sans cesse, tantôt pour s'instruire et
tantôt pour se distraire; de ceux-là, on aime à
posséder plusieurs exemplaires : un exemplaire
que j'appellerais de souffrance, que l'on manie et
remanie sans scrupule, où l'on peut faire des
cornes aux pages, écrire au crayon ou même à
la plume des notes marginales, choses souvent
bien utiles à un homme d'étude; puis, un exemplaire honnêtement relié, et qui puisse être prêté
à des amis; quelquefois enfin, un exemplaire de
luxe, orné d'une reliure élégante, que l'on ne
touche jamais qu'avec respect, et dont on se fait
honneur en petit comité de bibliophiles. Il faut
beaucoup d'argent, pour se former une collec-

tion de ces livres d'élite, de ceux qui composent la *Réserve* dans nos grandes bibliothèques ; mais un homme de goût se plaira toujours à en réunir quelques-uns, véritables spécimens de l'art, et qu'on peut ranger sous une vitrine, comme on rangerait des porcelaines de Sèvres, des verreries de Bohême, d'élégantes poteries antiques. Toutefois l'important, pour un esprit sérieux, qui a choisi sa voie dans la diversité des connaissances humaines, c'est de réunir autour de lui tous les instruments vraiment utiles à son travail, et de ne songer au superflu qu'après s'être assuré le nécessaire.

Le présent volume, où j'ai réuni pour vous, lecteurs, ce que je savais de plus important sur l'histoire des livres, aura-t-il lui-même une place dans votre bibliothèque, et quelle place? Il ne m'appartient pas de le dire ; mais, me rappelant le mot que je citais tout à l'heure, j'espère que ce petit livre ne sera pas relégué dans la dernière classe de vos amis ; s'il ne prétend pas non plus aux honneurs de la première, accordez-lui au moins une place dans la seconde.

ÉPILOGUE

Mes jeunes et chers lecteurs,

Pendant que je rédigeais pour vous ce petit ouvrage, ma vue, de tout temps assez faible, s'est encore affaiblie, et, cela, je le crains, sans espoir de remède. C'est seulement avec le secours d'un secrétaire, que j'ai pu achever une œuvre où je mettais, avec mes meilleurs souvenirs, toute mon affection pour l'enfance et pour la jeunesse. Bien des gens vous diront peut-être : Voilà où conduit la passion de la lecture et des livres ! Ne vous empressez pas de les croire, et ne vous défiez pas trop d'une passion qui est l'honneur des âmes bien nées. Que mon exemple vous avertisse d'user avec prudence des instruments précieux, dont la nature vous a doués pour l'étude ; mais qu'il ne vous décourage pas !

Unissons-nous, pour demander aux libraires et imprimeurs, qui desservent les écoles, de songer à ménager vos fatigues, en vous offrant toujours des livres exécutés avec soin, avec intelligence. Mais, bien ou mal imprimés, que les bons livres restent pour vous des amis !

Il y a quatre ans, lorsque mourut le vénérable doyen des typographes français, Ambroise-Firmin Didot, comme je portais à sa veuve mes consolations et mes regrets, elle me dit : « Hélas ! cher Monsieur, mon pauvre mari est mort pour avoir trop travaillé ; ne faites pas comme lui. » Le savant homme, qui venait de s'éteindre, avait vécu quatre-vingt-quatre ans ! Ce n'est pas l'étude qui avait abrégé sa vie.

Au contraire, on pourrait citer bien des exemples de la longévité des savants. Vous en trouverez tout un recueil, pour la seule antiquité grecque, dans un petit livre de Lucien, le spirituel moraliste qui vous est connu par les *Dialogues des morts*. Le beau dialogue de Cicéron sur la *Vieillesse* ne vous sera pas moins encourageant par l'image vivante que l'auteur y a tracée du célèbre Caton le Censeur, modèle d'une infatigable activité à la guerre, à la tribune politique, au barreau, dans la vie privée, laborieux écrivain qui mourut plus qu'octogénaire, dans la plénitude de ses facultés

Descendons un peu le cours des âges, nous rencontrons Cassiodore qui vécut, dit-on, plus d'un siècle. Dans les temps modernes, Fontenelle, qui fut membre de l'Académie française et de l'Académie des sciences, exerça pendant soixante ans la fonction de secrétaire de cette dernière académie et mourut centenaire, à un mois près, en 1757. Un des plus grands chimistes de notre siècle, M. Chevreul, âgé de quatre-vingt-quatorze ans, continue sous nos yeux de faire honneur, avec une infatigable activité, à tous ses devoirs de professeur et d'académicien, sans interrompre ses travaux de laboratoire ni sa coopération au *Journal des Savants*.

Vous voyez que les travaux de l'esprit conservent la vie, encore plus qu'ils ne l'usent. C'est une leçon bonne à recueillir, à la dernière page d'un livre consacré à l'histoire des livres.

FIN

NOTES

N. B. Bien que le présent livre ne soit pas un ouvrage d'érudition, on a cru qu'il était utile, pour y faciliter les recherches, d'ajouter, après chaque note, un renvoi à la page du texte à laquelle la note se rapporte.

NOTES

(1) Dan. Georg. Morhofii : *Polyhistor*; Lübeck, 1732; tome I, p. 45. — Page 2.

(2) Lucain : *Pharsale*, III, vers 220, traduction de Brébeuf. — Page 3.

(3) Au mot *Alphabetum,* où M. Fr. Lenormand résume son grand ouvrage sur ce sujet, qui est en voie de publication. — Voir aussi Henry-Noël Humphreys : *The origin and progress of the art of writing*; Londres, 1853, ouvrage illustré de nombreux dessins. — Page 4.

(4) J. Ménant : *Éléments d'épigraphie assyrienne. Les écritures cunéiformes*; 2ᵉ édition, Paris, 1864, p. 262. — *Manuel de la langue assyrienne*; Paris, 1880. — Page 5.

(5) Pausanias : livre IX (*Bœotica*), 31, § 4 ; comparer sur ces feuilles de plomb un témoignage de Pline l'Ancien : *Histoire naturelle* (XIII, 11, 21), où l'auteur mentionne aussi les feuilles de palmier, dont nous parlerons plus bas. — Page 6.

(6) Le recueil le plus complet vient d'en être publié par M. Léon Renier ; Paris, 1876. — Page 7.

(7) E. Desjardins : *de Tabulis alimentariis*; Paris, 1854. — Page 7.

(8) Pline : *Histoire naturelle*, livre XIII, 11, § 22 (traduction de M. Littré, reproduite ici avec quelques changements), à corriger et à compléter par Ibn-el-Beïthar :

Traité des simples, dans les *Notices et extraits des manuscrits*, tome XXIII, 1re partie, p. 207, n° 257. — Page 9.

(9) DUREAU DE LA MALLE : *Mémoires de l'Académie des Inscriptions*, nouvelle série, tome XIX, 1851. — Voyez aussi Ces. PAOLI : *Del Papiro, specialmente considerato come materia che ha servito alla scrittura*; Florence, 1878. — Page 13.

(10) EGGER : *L'Hellénisme en France*; Paris, 1869 ; tome II, p. 405 et 456. — CASTRUCCI : *Tesoro litterario di Ercolano, ossia la reale officina di papiri Ercolanesi*; Naples, 1855. — Page 15.

(11) EGGER : *Histoire de la critique chez les Grecs*; Paris, 1849, p. 485 : « De l'influence que l'importation du papyrus égyptien en Grèce exerça sur le développement de la littérature grecque. » — Page 16.

(12) On trouvera ce document en tête des scholies grecques sur les *Comédies d'Aristophane*, édition Dübner (Paris, 1842), volume qui fait partie de la Bibliothèque grecque-latine de Firmin-Didot. — Sur la Bibliothèque d'Alexandrie et sur celle de Pergame, consulter RITSCHL : *die Alexandrinischen Bibliotheken unter den ersten Ptolemäern*, etc. ; Breslau, 1838 ; WEGENER : *de Aula Attalica*; Copenhague, 1836. — Page 19.

(13) On le constate, en rapprochant les titres des comédies aujourd'hui perdues, et les chiffres fournis par d'anciennes notices biographiques, sur divers poètes comiques de l'ancienne Grèce. — Page 19.

(14) J.-V. LE CLERC : *Des Journaux chez les Romains*; Paris, 1838. — Voir un témoignage de PLINE LE JEUNE (*Lettres*, livre IV, 7), sur la multiplication d'écrits autres que les journaux. — Page 21.

(15) CICÉRON : *Lettres à son frère Quintus*, III, 5. — STRABON : *Géographie*, XIII, 1, p. 521, édition de C. Müller. — Page 21.

(16) PLUTARQUE : *Vie de l'orateur Lycurgue*; — et GALIEN,

Commentaire sur les Épidémies d'Hippocrate, III, 2. — Page 22.

(17) Livre traduit et publié en français par l'abbé BRASSEUR DE BOURBOURG; Paris, 1861. — Page 26.

(18) Discours *de sumptu suo*, cité dans FRONTON : *Lettre à Antonin,* I, 2, p. 149, édition de Rome, 1823. — Page 29.

(19) Charles DE RIBE : *Le Livre de la Famille*; Tours, 1879. — *La Vie domestique*; Paris, 1877. — *Les Familles et la Société en France avant la Révolution*; Paris, 1873. — Page 29.

(20) CRAMER : *De Studiis quæ veteres ad aliarum gentium contulerint linguas*; Stralsund, 1844. — Page 32.

(21) VARRON : *De Lingua latina*, V, 55; édition O. Müller; Leipzig, 1833; ou édition EGGER; Paris, 1837. — Page 33.

(22) SUÉTONE . *Vie de Jules César*, ch. XLIV. — Page 33.

(23) VARRON : *De Re rustica*, livre I, ch. I, § 10. — Page 34.

(24) EGGER : *Examen critique des historiens de la vie et du règne d'Auguste*, p. 216 et suivantes; Paris, 1844. — Page 34.

(25) SUÉTONE : *De Illustribus grammaticis*, ch. XX. — Page 34.

(26) EGGER : *Mémoires d'Histoire ancienne et de Philologie*, p. 239; Paris, 1863. — Page 34.

(27) Notice conservée dans le *Lexique* grec de SUIDAS, au mot *Epaphroditos*. — Page 34.

(28) JUVÉNAL : *Satire X*, vers 117. — Page 35.

(29) MÉNANDRE LE RHÉTEUR : *Du Discours épidictique,* III, 5; tome IX, p. 262 des *Rhetores græci* de WALZ. — Page 35.

(30) SUÉTONE : *De Illustribus grammaticis*, ch. XVII. — Page 35.

(31) Voir un exemple de ces séances dans les boutiques des libraires, chez AULU-GELLE, *Noctes atticæ*, V, 4. — Comparer le même ouvrage, XVIII, 9, sur la bibliothèque de Patras; XIX, 5, sur la bibliothèque de Tibur; IX, 4, sur un *bouquiniste* de la ville de Brindes. — Page 37.

(32) — TACITE : *Dialogue sur les orateurs,* ch. XXXVII. — Page 37.

(33) PLINE : *Histoire naturelle,* XII, 27, § 3. — Page 38.

(34) LIBANIUS : *Lettres latines,* I, 68, 73 ; III, 149, 150. — Page 38.

(35) Ferd. DENIS : Note communiquée à l'auteur et insérée dans son Mémoire *sur les Traités publics chez les Grecs et chez les Romains* ; Paris, 1866, p. 253. — LÉOUZON LEDUC : *le Kalévala,* traduction française ; nouvelle édition ; Paris, 1879. — Page 39.

(36) Émile SENART : Article sur le *Corpus inscriptionum Indicarum* de A. CUNNINGHAM : dans le *Journal Asiatique* de 1879. — Page 39.

(37) MARTIAL : *Épigrammes,* XIV, 190. — Les épigrammes 184 et 186 mentionnent d'autres volumes, l'un d'HOMÈRE, l'autre de VIRGILE, dont l'épaisseur doit moins nous étonner. — Page 41.

(38) PLINE : *Histoire naturelle,* VII, 21. — Page 41.

(39) *Huetiana* ; Paris, 1722 ; ch. LX, p. 135. Ce prodige de calligraphie nous rappelle que certaines villes grecques, comme Téos, avaient des concours pour les calligraphes. BÖCKH, *Corpus Inscriptionum græcarum,* 3088. — Page 41.

(40) PLINE : *Histoire naturelle,* XXXIV, 12. — Page 42.

(41) PLINE : *Histoire naturelle,* III, 3. — Page 41.

(42) PROPERCE : IV, vers 37. — Page 43.

(43) EUMENIUS : *Oratio pro restaurandis Scholis,* ch, XX. — PÉTRONE : *Satyricon,* 30. — BARBIER DU BOCAGE : *Magasin encyclopédique,* 1re année, tome V, p. 231. — Page 43.

(44) Voir cette chronique de Paros, dans la Bibliothèque grecque-latine de Firmin-Didot : à la suite des *Fragmenta Historicorum græcorum* ; Paris, 1841. — Page 44.

(45) OTTO JAHN : *Griechische Bilderchroniken,* Bonn, 1873, — Page 44.

(46) Les fragments du vieux plan de Rome ont été plusieurs fois reproduits, notamment dans la carte qui accom-

pagne la *Roma antica* de Canina, et dans l'ouvrage de M. Dezobry, intitulé *Rome au siècle d'Auguste*. — Pour plus de détails sur ces plans de Rome, voir A. Geffroy : *Revue des Deux-Mondes*, 1ᵉʳ sept. 1879, p. 94-95. — Page 45.

(47) Fred. Ritschl : *Opuscula philologica*, 1ᵉʳ vol. ; Leipzig, 1866, p. 74 : *Die Stichometrie der Alten.* — Page 47.

(48) Cicéron : *Lettres à Atticus*, XIII, 21. — Simplicius : *Ad Aristotelis Physica*, fᵒ 54. — Page 49.

(49) Diogène Laerce : *Vies des Philosophes*, livre III, § 66-67. — Page 49.

(50) *Art poétique*, vers 345. — Caillemer : *la Propriété littéraire à Athènes* ; Paris, 1868. — Page 50.

(51) Suétone : *Vie de Térence.* — Page 51.

(52) Chaméléon, cité par Athénée : *Banquet des Savants (Dipnosophistes)*, IX, p. 374, B, édition de Casaubon. — Page 51.

(53) Épîtres, II, 1, vers 270. — Page 51.

(54) Épîtres, I, 20, vers 13. — Page 51.

(55) *Notices et Extraits des manuscrits de la Bibliothèque nationale* ; tome XVIII, 2ᵉ partie ; pp. 416-426. — Page 52.

(56) Maspéro : *Histoire ancienne des peuples de l'Orient* ; 2ᵉ édition ; Paris, 1876 ; principalement p. 44 et suivantes. — Voir plus particulièrement : Em. Schiaparelli ; *Il Libro dei funerali de gli antichi Egiziani* ; Turin-Rome, 1880, in-fᵒ. — Page 52.

(57) Egger : *Mémoires de littérature ancienne* ; Paris, 1862, nᵒ XIV : « Si les Athéniens ont connu la profession d'avocat. » — Page 53.

(58) Egger : *Callimaque considéré comme bibliographe*, dans l'*Annuaire* de la Société des Études grecques ; Paris, 1876. — Page 54.

(59) Diogène Laerce : *Vies des Philosophes*, V, 27. — Page 54.

(60) Ces registres s'appelaient *didascalies*. — C. Müller :

Fragmenta Historicorum græcorum, tome II, pp. 184, 267; tome IV, p. 359. — Page 55.

(61) Publiés par ZÜNDEL : dans le *Rheinisches Museum* de 1866. — Page 55.

(62) EGGER : *Mémoires d'Histoire ancienne et de Philologie*, p. 135. — Page 57.

(63) *Lettres socratiques* ; n° 30, p. 39 de l'édition d'Orelli. — Page 57.

(64) PLINE : *Histoire naturelle*, XIII, 13, § 27. — Page 58.

(65) *Corpus Inscriptionum græcarum*, n°s 4863, 4891, 5109 et 9060. — Page 59.

(66) EGGER : *Mémoires d'Histoire ancienne et de Philologie*, p. 420. — Page 60.

(67) STRABON : *Géographie*, XIII, 1, § 54, p. 520 de l'édition de C. MÜLLER. — Page 61.

(68) ATHÉNÉE : *Banquet des Savants (Dipnosophistes)*, V, p. 184. — EGGER : *Mémoires de Littérature ancienne*, p. 161. — Page 62.

(69) Ed. BIOT : *Essai sur l'histoire de l'Instruction publique en Chine*, p. 87-89. — Page 62.

(70) PLUTARQUE : *Vie de César*, ch. XLIX ; — DION CASSIUS, XLII, 38. — AMMIEN MARCELLIN : XXII, 16. — Page 62.

(71) EGGER : *Examen critique des historiens d'Auguste*, Paris, 1844 ; p. 220. — Page 63.

(72) SÉNÈQUE : *Lettre 91.* — Page 63.

(73) SUÉTONE : *Vie de Vespasien*, ch. VIII. — **Page 63.**

(74) PLINE : *Lettres*, IX, 17. — Page 64.

(75) PLINE : *Lettres*, VI, 16 et 20. — Page 64.

(76) EGGER : *L'Hellénisme en France*, tome II, p. 456 et suiv. — Page 64.

(77) FIORELLI : *Descrizione di Pompei* ; Naples, 1875, p. 46 n° 24. — Page 64.

(78) *Revue archéologique*, 1877, 1er vol., p. 66., d'après un article de MOMMSEN dans l'*Hermés*, tome XII, p. 88-141. —

G. Boissier : *Promenades archéologiques, Rome et Pompéi,* Paris, 1880, p. 297. — Page 65.

(79) Egger : *Examen critique des historiens d'Auguste,* ch. ii. — Page 67.

(80) Vopiscus : *Vie de Tacite,* ch. x. — Page 68.

(81) A. Maury : *Histoire des religions de la Grèce antique,* tome III; Paris, 1859, p. 471 et suiv. — Page 70.

(82) L'abbé Leblanc : *Utrum B. Gregorius magnus litteras humaniores et ingenuas artes odio persecutus sit*; Paris, 1852. — Page 71.

(83) Olleris : *Cassiodore, conservateur des livres de l'antiquité latine;* Paris, 1841. — Page 73.

(84) Tacite : *Annales,* XI, 13. — Suétone : *Vie de Claude,* 41, etc. — Grégoire de Tours : *Histoire ecclésiastique des Francs,* V, 45. — Page 73.

(85) Egger : *Commentaire sur la Poétique d'Aristote,* ch. vi. — Comparez *Histoire de la critique chez les Grecs,* p. 297. — Page 80.

(86) *Anthologie* dite *palatine,* livre VI (*Épigrammes votives*) 62-68 — sur les *gants* des copistes, Pline le Jeune : *Lettres,* III, 5, § 15. — Les copistes qui écrivaient en lettres d'or portaient le nom de *Chrysographes* ou *Aurigraphes.* Voir les deux *Lexiques* de Du Cange, pour la grécité et pour la latinité du moyen âge, aux articles correspondants à ces deux mots et l'article *Chrysographie* par C. Graux, dans le *Dictionnaire* de Daremberg et Saglio. — Page 84.

(87) Isidore de Séville : *Origines,* VI, 14, *de Librariis et eorum instrumentis.* — Jacobi Martorelli : *De regia Theca calamaria;* Naples, 1756, 2 vol. — Page 85.

(88) Voir plus haut, note 55. — Egger : *Mémoires d'Histoire ancienne et de Philologie,* p. 175. — Page 86.

(89) Karl Reinhard : *Ueber die jüngsten Schicksale der Alexandrinischer Bibliothek;* Göttingue, 1792. — Page 88.

(90) Renseignements fournis à l'auteur par M. Léopold Delisle, et que confirme un témoignage d'Eustache

(XIIe siècle), dans son commentaire sur l'*Odyssée,* chant 21, vers 391. — Page 89.

(91) Cicéron : *Lettres à divers,* VII, 18. — Catulle : *Carmen* 22, passage sur lequel on fera bien de consulter le commentaire de M. Eug. Benoist ; Paris, 1880.—Page 90.

(92) Grégoire de Tours : V, 45 : «.... ut libri antiquitus scripti, *planati pumice,* rescriberentur. » — Page 91.

(93) Principales publications sur ce sujet : Boivin, dans les *Mémoires de l'Académie des Inscriptions,* tome VII, *Histoire,* p. 378-380. — L. Ferrario : *Memoria intorno ai palinsesti* ; Milan, 1853. — Fr. Mone : *De Libris palimpsestis tam latinis quam græcis* ; Carlsrühe, 1855. — Page 92.

(94) Étienne Quatremère : *Du Goût des livres chez les Orientaux,* extrait du *Journal asiatique.* — Page 96.

(95) Didron : *Iconographie chrétienne,* Histoire de Dieu ; Paris, 1843 ; Imprimerie royale. — Traité de *Peinture religieuse* du moine Dionysius, publié en grec à Athènes en 1853, et qui renferme, chose bonne à signaler, un chapitre interpolé sur la photographie. M. Didron en avait déjà publié une traduction française en 1845. — Page 100.

(96) Du Cange : *Glossarium mediæ et infimæ latinitatis,* au mot « Bombyx ». — Montfaucon, dans les *Mémoires de l'Académie des Inscriptions,* tome VI : *Dissertation sur la plante appelée* Papyrus, *sur le papier d'Égypte, sur le papier de coton,* etc., comp. le traité devenu classique de Mabillon : *De Re diplomatica* ; Paris, 1681. 2e édition, 1704. — Egger : *Le Papier dans l'antiquité et dans les temps modernes* ; Paris, 1866. — Page 101.

(97) Diogène Laerce : *Vies des Philosophes,* II, § 48 ; et II, §§ 122, 123. — Page 104.

(98) J. Tardif : *Sur les Notes tironiennes* ; dans les Mémoires présentés par divers savants à l'Académie des inscriptions ; 2e série, T. III, 1852. — Egger : *Sur la fonction de Secrétaire des Princes] chez les Anciens (Mémoires d'Histoire ancienne,* p. 220). — Page 104.

(99) Épigrammes, 146. — Page 104.

(100) Préface des *Institutions oratoires,* § 7. — Page 105.

(101) Saint Gaudence, évêque de Brescia, cité par M. Tardif, p. 7. — Page 105.

(102) J.-V. Le Clerc : dans *l'Histoire littéraire de la France* ; tome XXIV : « Introduction au xiv⁰ siècle, » pp. 278-320 ; et Renan, *ibid.* pp. 724 et suiv. Cet ouvrage a été réimprimé en 2 vol. in-8° ; Paris, 1865. — Page 109.

(103) Léopold Delisle : *Le Cabinet des Manuscrits de la Bibliothèque impériale* ; Paris, 1868, chapitre iᵉʳ. — Page 110.

(104) Diogène Laerce : *Vies des Philosophes,* III. §§ 66, 67. — Page 111.

(105) Voir les fac-similés publiés à Londres en 1848 (Discours contre Démosthène) par M. Harris, et à Cambridge en 1858 (Oraison funèbre) par M. Babington. — Page 112.

(106) Voir Bernard de Montfaucon, tome VI des Mémoires de l'Académie des Inscriptions, p. 592. — Page 113.

(107) Egger : *Mémoires d'Histoire ancienne,* p. 384. — Page 114.

(108) A. Dumont : *Inscriptions céramiques de Grèce,* 1872. — Page 115.

(109) Plutarque : *Apophthegme d'Agésilas,* § 77 des *Apophthegmes laconiens* ; cité par A.-F. Didot : *Essai sur la Typographie,* extrait du tome XXVI de l'*Encyclopédie moderne* ; Paris, 1851. — Page 115.

(110) Pline : *Histoire naturelle,* XXXIV, 11, § 26, semble indiquer l'usage d'une encre où l'oxyde de cuivre entrait comme élément. — Page 116.

(111) Sur Gutenberg, sur ses collaborateurs et ses successeurs, consulter, dans la *Nouvelle Biographie générale,* les articles Gutenberg, Estienne (Henry), etc., qui sont tous de la main du savant Ambroise-Firmin Didot. — Aug. Bernard : *De l'Origine et des Débuts de l'Imprimerie en Europe* ; Paris, 1853. — Boulmier : *Estienne Dolet, sa Vie,*

ses *œuvres, son martyre;* Paris, 1857. — Un habile fabricant d'encres d'imprimerie, M. Ch. Lorilleux, qui a obtenu une médaille à l'exposition de 1878, vient de publier sous le titre de *Panthéon des célébrités de l'imprimerie*, une série de notices par ordre alphabétique, notices singulièrement utiles et commodes à consulter. — Page 117.

(112) Stanislas Julien : *Documents sur l'art d'imprimer à l'aide de planches en bois, de planches en pierre et de types mobiles, inventé en Chine, bien longtemps avant que l'Europe en fît usage (Journal Asiatique,* 1847). — *Description des Procédés chinois pour la Fabrication du Papier,* traduite du chinois (*Comptes rendus de l'Académie des sciences;* 1840). — Page 121.

(113) *Liber gnomagyricus* de François Tissard; imprimé chez Gilles de Gourmont, 1507. — Voir Rebitté : *Guillaume Budé, restaurateur des Études grecques en France;* Paris, 1846. — Page 127.

(114) Edelestan Duméril: *De l'origine des Runes,* dans ses *Mélanges archéologiques et littéraires;* Paris, 1850. — *Des Runes et des inscriptions runiques,* dans la *Revue politique et littéraire;* n° du 10 janvier 1880. — Page 130.

(115) Egger : *Des livres attribués à Hermès Trismégiste,* dans les *Mémoires de Littérature ancienne;* p. 218. — Page 130.

(116) Stanislas Julien : *Histoire de la Vie de Hiouen-Thsang;* Paris, 1853, p. 165. — A. Weber, *Histoire de la Littérature indienne* (traduction Sadous); Paris, 1859, pp. 85, 86. — Page 131.

(117) Auguste Bernard : *Geoffroi Tory, premier Imprimeur royal;* Paris, 1857. — Page 134.

(118) A. Firmin-Didot : *Étude sur Jean Cousin,* suivie de *Notices sur Jean Leclerc et Pierre Woeiriot,* avec Atlas; Paris, 1872. — Page 134.

(119) Paul Mantz : *Holbein;* Paris, 1879. — Page 135.

(120) A.-F. Didot : *Essai typographique et bibliographique sur l'Histoire de la Gravure sur bois,* Paris, 1861-62; ser-

vant d'introduction à la nouvelle édition des *Costumes anciens et modernes*, de Cesare VECELLIO (1re édition, Venise, 1590). — G. DUPLESSIS: *Histoire de la Gravure en France*; Paris, 1861. — Henri DELABORDE : *Le Département des Estampes à la Bibliothèque nationale*; Paris, 1875. — Page 135.

(121) *Thesaurus Cornucopiæ* : Venise, 1513. — Page 138.

(122) J. MORTREUIL : *La Bibliothèque nationale, son origine et ses accroissements jusqu'à nos jours*; Paris, 1878. — Alfred FRANKLIN : *Précis de l'Histoire de la Bibliothèque du Roi, aujourd'hui Bibliothèque nationale*; Paris, 1875. — Page 139.

(123) Ch. de MONSEIGNAT : *Un Chapitre de la Révolution française, ou Histoire des Journaux en France, de 1789 à 1799*, précédée d'une *Notice historique sur les Journaux*; Paris, 1853. — Page 142.

(124) F.-A. DUPRAT, *Histoire de l'Imprimerie impériale*; Paris, 1861. — Page 142.

(125) Charles BLANC : *Études sur les Arts décoratifs* : « La reliure, » *Gazette des Beaux-Arts*; Paris, 1880. — SEB. LENORMANT : *Manuel du relieur*, 2e éd. refondue par MAIGNE, Paris, 1879 (dans l'Encyclopédie-Roret). — Page 143.

(126) Le *Tricaranos* ou *Tripoliticos*; voir PAUSANIAS, livre VI (*Eliaca*), ch. XVIII. — Page 145.

(127) G. BOISSIER : *Atticus éditeur des œuvres de Cicéron*, dans la *Revue archéologique*; Paris, 1863. — Plusieurs témoignages, réunis par FABRICIUS (*Bibliotheca græca*, p. 288, éd. HARLES), nous signalent un certain Ambrosius, riche ami d'Origène, comme ayant rendu le même genre de service à ce célèbre docteur chrétien. — Page 146.

(128) QUINTILIEN, *Institutio Oratoris*, I, VIII. — EGGER, dans les *Comptes rendus de l'Académie des Inscriptions*, 1865, pp. 75, 76. — Page 152.

(129) H. ZOTENBERG : *Catalogue des Manuscrits éthiopiens (Gheez et Amhariques) de la Bibliothèque nationale* (170

numéros). — *Catalogue raisonné des Manuscrits éthiopiens appartenant à Antoine d'Abbadie*; Paris, Imprimerie nationale, 1859 (234 numéros). — Page 159.

(130) Lettre de Fontaine, du 8 septembre 1691, dans *le Port-Royal* de Sainte-Beuve; tome, III, p. 513, note 3; Paris, éd. de 1860. — Page 162.

(131) *Papyrus grecs du Louvre*; p. 354. — Page 163.

(132) Bertin : Traduction du *Traité* (anglais) *de Sténographie* de Taylor; 1re édition, 1792; 4e édition, an xii. Renseignements communiqués par M. Guénin, sténographe-réviseur au Sénat, qui publie en ce moment, dans la *Revue pédagogique* (librairie Delagrave), des *Recherches sur l'histoire, la pratique et l'enseignement de la Sténographie*. — Page 164.

(133) Plutarque : *Vie de Caton d'Utique*; ch. xxviii. — Page 167.

(134) Plutarque : *Vie de Cicéron*; ch. xlvi ou xxxii. — Asconius : *Commentaire sur la Milonienne*; p. 42 des *Scholiastes de Cicéron*, éd. d'Orelli (2e partie). — Page 168.

(135) A. Petit : *L'Art d'écrire, rendu accessible à tout le monde par l'étude théorique et pratique de la ponctuation*; 2 vol. in-12, Paris, 1875. L'auteur en prépare une édition abrégée. — Page 169.

(136) Gab. Planche : *De l'Industrie de la Papeterie*; Paris, 1853. — Z. Orioli : *Le Papier et ses Matières premières* (Bulletin de la Société industrielle de Mulhouse, 1870). — L. Figuier : *Merveilles de l'Industrie*, tome II, p. 149 : « Industrie du Papier. » — Page 169.

(137) Sur l'état actuel des procédés typographiques, consulter : Th. Lefevre, *Guide pratique du Compositeur d'Imprimerie*; Paris, 1855-1872, 2 volumes. — Brun : *Manuel pratique et abrégé de la Typographie française*; Paris, 1825; volume remarquable par sa curieuse perfection typographique. — Turgan, *Grandes usines de la France*; Paris. — G.-A. Crapelet : *Études pratiques et littéraires*

sur la Typographie; Paris, 1837; ouvrage sur lequel on sera curieux de lire un savant et charmant article de J.-V. Le Clerc, dans le *Journal des Débats*, du 24 février 1838. — Page 174.

(138) A. Balbi : *Abrégé de Géographie*, 2e édition, par H. Chotard; Paris, 1872, p. 1568. — Page 182.

(139) *Dorothée d'Ascalon* : cité par Porphyre, dans sa « Scholie sur le vers 90 du ixe chant de *l'Iliade* », page 244, édition des *Scholies*, donnée par Bekker. — Page 186.

(140) Exemple : Buffier, *Pratique de la Mémoire artificielle pour apprendre et retenir la Chronologie, l'Histoire et a Géographie*; Paris, 1701, 1715. — Page 193.

(141) J. Delalain : *Législation de la Propriété littéraire et artistique*, suivie *des Conventions internationales*; Paris, 1858. — Page 195.

(142) Exemples : Aristophane, *Parabase* de la comédie des *Nuées*; scholiaste d'Aristophane sur *les Chevaliers*, vers 659; — et Clément d'Alexandrie, *Stromates*, livre VI. — Page 197.

(143) Clément d'Alexandrie : *Stromates*, VI, ch. ii. — Page 197.

(144) Voltaire : *Dictionnaire philosophique*; article Plagiat. — Page 198.

(145) *Causeries du Lundi*; tome VI, p. 474, et tome XII, p. 359. — Page 200.

(146) Pour les preuves, voir, entre autres ouvrages, celui de G. Paris : *Histoire poétique de Charlemagne*; Paris, 1865. — Page 202.

(147) Comparer Schwab, *Dissertation sur les causes de l'universalité de la langue française et la durée vraisemblable de son empire*; traduite de l'allemand par D. Robelot; Paris, 1803. Elle avait partagé le prix avec Rivarol. — Pierre Sayous : *Histoire de la littérature française à l'étranger* : xviie siècle, 2 vol.; Paris, 1852; *le* xviiie *siècle à l'étranger*, 2 vol.; Paris, 1861. — Page 203.

(148) A. Brachet : *Dictionnaire étymologique de la langue française;* Introduction, p. xxxiv et lxx; Paris, 1870, — Page 206.

(149) De Humboldt : *Tableaux de la nature;* trad. fr. de Galusky, 2 vol. ; Paris, 1851 ; t. I, p. 274 et 301. — Page 206.

(150) L'exposé historique des travaux de cette Société, depuis sa fondation en 1837 jusqu'à la fin de 1879, vient d'être publié en grec, à Athènes, par M. Kastorchis. — Page 224.

(151) Sujet développé par l'auteur dans une conférence faite en Sorbonne, et qui a paru, en février 1879, dans la *Revue politique et des Cours littéraires* et dans le *Bulletin de l'Association scientifique.* — Page 225.

(152) Léopold Delisle : *Mélanges de Paléographie et de Bibliographie;* Paris, 1880. — Page 226.

(153) A. Kirchoff : *Die Handschriftenhandler des Mittelalters;* Leipzig, 1853. — Page 232.

(154) Voir plus haut, note 124. — Page 237.

(155) Voir plus haut, note 15. — Page 237.

(156) *Lettres à Atticus;* XIII, 44. — *Discours pour Ligarius,* ch. xi. — Comparer : *à Atticus,* XII, 6, *l'Orateur,* ch. ix, au sujet d'Eupolis, confondu avec Aristophane. — Page 238.

(157) Egger : dans le *Journal des Savants;* février et mars 1880. — Page 239.

(158) Exemples des plaintes de Voltaire, dans sa correspondance : Lettre à M. de la Roque (mars 1742); à Duclos (1er mai 1761); à M. d'Argental (décembre 1765); à M. Lacombe (7 auguste 1767). — Page 239.

(159) Cicéron : *Lettres à Atticus,* XIII, 23. — Comparer XIII, 22, et Tite-Live XXXVIII, 55. — Page 240.

(160) Victor Cousin : *Des Pensées de Pascal;* Paris, 1843; manifeste qui a suscité les deux éditions critiques de P. Faugère (Paris, 1844) et de E. Havet (Paris, 1852). — Page 243.

(161) Cicéron : *L'Orateur;* ch. xxxvii. — La pensée de

Varron, qui est citée plus haut, porte le n° 61 dans l'édition des *Sentences* de cet auteur publiée en 1856, par M. Chappuis. — Page 247.

(162) Cicéron : *Dialogues de l'Orateur*; III, 56 — Pline le Jeune : *Lettres*; II, 3, et IV, 5. — Page 249.

(163) *Papyrus grecs du Louvre* (cités plus haut, note 55), n° 10, pp. 177-206. Comparer, dans le *Corpus Inscriptionum Græcarum* (n° 2053), une affiche, qui est l'annonce d'un recensement de la population à Mesambria, sur le Pont-Euxin. — Page 255.

(164) Inscription de Pompéi : dans les *Inscriptions latines* d'Orelli; n° 3700. — Page 256.

(165) Egger : *Mémoires d'Histoire ancienne*; p. 40 et suiv. — Page 257.

(166) Gouget : *Bibliothèque française*; t. II. — Voltaire : *Lettre à M. de Rochefort*; 28 avril 1773. — Page 257.

(167) A. Dumont : *Essai sur l'Éphébie attique*; Paris, 1875-76, 2 vol. — Page 259.

(168) Léon Feugère : *Caractères et Portraits du* xvie *siècle*; Paris, 1859, tome II, p, 485 : *Un Poète inconnu*. — Sur les *Vies des poètes français*, voir la liste de ces *Vies*, dans la *Revue critique*; 1870, 2e semestre. — Page 259.

(169) Sénèque : *De Tranquillitate Animæ*; ch. ix. — *Lettres à Lucilius*; 2 et 27. — Comparer Bossuet, *De la Concupiscence*, ch. viii, fin. — Page 267.

(170) Athénée : *Banquet des Savants* (*Dipnosophistes*), I, ch. i^{er}. — Sur le nombre des livres connus et cités par l'auteur de cette compilation, voyez Schoell, *Histoire de la Littérature grecque*; tome IV, p. 298. — Page 267.

(171) Cicéron : *Lettres à divers*, XIII, 77 ; — *Lettres à Atticus*, IV, 4 et 8. — Maignen : *Quid de Signis Tabulisque pictis senserit M. Tullius?* Paris, 1856. — Page 268.

(172) Voir plus haut note 183. — Page. 269.

(173) Fr. Monnier : *Alcuin et Charlemagne*, 2e édition; Paris, 1864. — Page 269.

(174) Baunard : *Théodulphe, évêque d'Orléans et abbé de Fleury-sur-Loire*; Paris, 1860. — Page 262.

(175) Geoffroy de Beaulieu : *Vie de saint Louis,* dans le recueil de Dom Bouquet, T. XX, p. 15 — On lira le décret du *Concile de Paris,* dans la collection de Labbe, T. XI (Paris, 1671), 1re partie, p. 69. — Victor Le Clerc : *Histoire littéraire de la France au* xive *siècle,* tome I, p. 345. — Page 272.

(176) Deuxième partie, ch. viii : *Visite aux galeries du Trocadéro en 1878.* — Page 273.

(177) P. Gassendi : *Vita Fabricii de Peiresc,* La Haye, 1665. — H. Boissard : *Discours prononcé à la rentrée de la Cour impériale d'Aix*; 1867. — Fauris de Saint Vincent : *Correspondance inédite de Peiresc avec Jérôme Aléandre*; Paris, 1819. — Page 274.

(178) Comme savant bibliothécaire, Naudé est surtout connu par l'ouvrage suivant : *Advis pour dresser une Bibliothèque*; Paris, 1627 ; réimprimé en 1644, avec le *Traité des Bibliothèques* de L. Jacob, et traduit en latin par J-.A. Schmidt; 1703. — Page 274.

(179) Egger : *Historiens d'Auguste.* — Page 276.

(180) E. Maillet : *Essai sur les Institutions scientifiques de la Grande-Bretagne et de l'Irlande*; Bruxelles, 1867. — Sur les autres bibliothèques de l'Europe, on trouvera des renseignements sommaires et intéressants, surtout pour la chronologie et la statistique, aux articles « Bibliothèque » du *Dictionnaire d'Histoire et de Géographie* et du *Dictionnaire des Lettres et Beaux-Arts,* publiés sous la direction de MM. Dezobry et Bachelet. — Page 278.

(181) Caton l'Ancien : *De Re Rustica* ; ch. ii. — Page 278.

(182) Pline le Jeune : *Lettres,* IV, 28 — Horace : *Satires,* 1, 4, vers 21. — Pline : *Histoire naturelle*; VII, 30. — Page 282.

(183) Pline le Jeune : *Lettres,* I, 8 (à son ami Pompeius Saturninus). — Page 282.

184) Saint-Simon : *Mémoires,* ch. xxv. — Isidore de Pé-

LUSE : *Lettres*, I, 127 ; je remarque à ce propos que c'est
là le premier exemple de l'emploi du mot *bibliotaphos*. —
Page 284.

(185) ATHÉNÉE: *Banquet des Savants (Dipnosophistes)*, XII,
p. 515, et XV, p. 694. — Page 288.

(186) F. DENIS, PINÇON et DE MARTONNE : *Manuel de Bibliographie*; Paris, 1857, 3 vol. — Voir surtout t. III, p. 51 à 53.
— Entre beaucoup de livres que cet ouvrage nous rappelle, je citerai encore pour finir : 1º Les *Curiosités
bibliographiques*, par Ludovic LALANNE; Paris, 1845. —
2º Le *Dictionnaire de Géographie ancienne et moderne, à
l'usage du libraire et de l'amateur de livres, par un Bibliophile* (P. DESCHAMPS); Paris, 1870, ouvrage plein d'érudition et surtout utile pour l'histoire des commencements
de l'imprimerie dans les principales villes du monde. —
3º Les chapitres qui se rapportent à notre sujet dans le
grand ouvrage d'Alexis MONTEIL : *Histoire des Français des
divers états*, 4ᵉ édition; Paris, 1852. — Page 288.

L'auteur profite de l'espace qui restait libre à la fin
de ces notes pour ajouter aux renseignements contenus
dans les notes 136 et 137 les indications suivantes :

PAUL DUPONT : *Histoire de l'imprimerie*, 2 vol.; Paris, 1854. -- HENRI FOURNIER : *Traité de la typographie*,
1 vol.; Tours, 1870 (Paris, Garnier frères). — A.-L. MONET :
Les Machines et appareils typographiques, 1 vol.; Ma-
drid, 1878 (Paris, au bureau du *Bulletin de l'Imprimerie*).
Le meilleur moyen de se tenir au courant de tout ce
qui intéresse l'imprimerie et la librairie serait de consulter les publications périodiques, telles que : *L'Imprimerie*;

— *Gutenberg-Journal;* — *Bulletin de l'Imprimerie;* — *Ty-pologie-Tucker;* — *La Bibliographie de la France.*

Une mention particulière est due au *Catalogue* que vient de publier le Cercle de la Librairie pour sa première expo-sition et qui contient de précieux spécimens des produits les plus parfaits de la typographie française.

FIN

TABLE DES MATIÈRES

PREMIERE PÉRIODE

LE LIVRE AVANT L'IMPRIMERIE

CHAPITRE PREMIER

LES ORIGINES DU LIVRE

CHAPITRE II

LE LIVRE DE PAPYRUS ET DE PARCHEMIN

CHAPITRE III

LE LIVRE CHEZ LES GRECS ET LES ROMAINS

CHAPITRE IV

LE LIVRE CHEZ LES GRECS ET LES ROMAINS (*suite*)

CHAPITRE V

LES DIVERSES FORTUNES DES LIVRES ANCIENS

CHAPITRE IX

LES LIVRES AU MOYEN AGE (*suite et fin*)

DEUXIÈME PÉRIODE

LE LIVRE DEPUIS L'IMPRIMERIE

CHAPITRE PREMIER

LE PREMIER AGE DE L'IMPRIMERIE

CHAPITRE II

PROGRÈS ET FORTUNES DIVERSES DE L'IMPRIMERIE

CHAPITRE III

LES LIVRES ANONYMES ET LES PSEUDONYMES

Pages

CHAPITRE VII

APERÇUS DIVERS

CHAPITRE VIII

LES LIVRES A L'EXPOSITION UNIVERSELLE DE 1878

CHAPITRE XII

LES BIBLIOTHÈQUES PUBLIQUES ET LES BIBLIOTHÈQUES PRIVÉES

FIN DE LA TABLE DES MATIÈRES

Paris. — Typ. G. Chamerot, 19, rue des Saints-Pères — 9330.

www.ingramcontent.com/pod-product-compliance
Lightning Source LLC
LaVergne TN
LVHW050207030726
842520LV00002B/417